비즈니스와
특허 포트폴리오

비즈니스와 특허 포트폴리오

발행일   2021년 3월 31일

지은이   한규남
펴낸이   손형국
펴낸곳   (주)북랩
편집인   선일영   **편집**   정두철, 윤성아, 배진용, 김현아, 이예지
디자인   이현수, 한수희, 김민하, 김윤주, 허지혜   **제작**   박기성, 황동현, 구성우, 권태련
마케팅   김회란, 박진관
출판등록   2004. 12. 1(제2012-000051호)
주소   서울특별시 금천구 가산디지털 1로 168, 우림라이온스밸리 B동 B113~114호, C동 B101호
홈페이지   www.book.co.kr
전화번호   (02)2026-5777   **팩스**   (02)2026-5747

ISBN   979-11-6539-687-9 03320 (종이책)   979-11-6539-688-6 05320 (전자책)

(주)북랩 성공출판의 파트너
북랩 홈페이지와 패밀리 사이트에서 다양한 출판 솔루션을 만나 보세요!
홈페이지 book.co.kr   •   **블로그** blog.naver.com/essaybook   •   **출판문의** book@book.co.kr

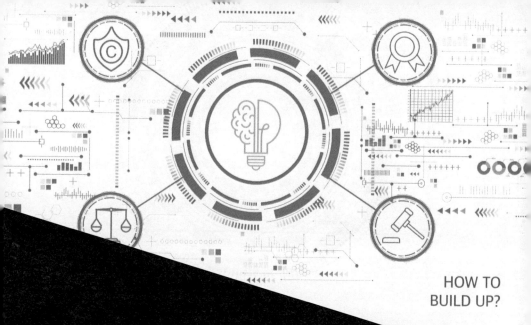

HOW TO
BUILD UP?

비즈니스와
특허 포트폴리오

20세기에 출현한 많은 최초 개발품들이 특허를 확보하고도
경쟁자의 시장 진입을 막지 못했다. 왜 그랬을까?

──────── 한규남 지음 ────────

북랩 book Lab

'포트폴리오'는 여러 분야에서 빈번히 사용되며 대부분의 사람들이 알고는 있지만 정확히 설명하기 쉽지 않은 용어이다. 우리에게 익숙한 금융(투자) 포트폴리오가 위험을 최소화하고 수익을 극대화하기 위해 투자를 분산시키는 것과 마찬가지로 특허 포트폴리오 전략도 비즈니스의 위험과 기회를 고려하여 최고의 성과를 내기 위한 것이다.

특허가 많을수록 비례해서 좋은 것은 아니지만 대부분 비즈니스 목표를 달성하는 데 좋은 특허 한두 건으로는 충분하지 않으므로, 일련의 특허들을 확보할 필요가 있다. 실제로 기업의 중요한 특허가 무효가 되어 비즈니스에 곤란을 겪는 경우가 종종 발생한다.

활용도 높은 특허 한 건을 잘 만드는 것도 쉽지 않은 일이다. 하물며 사업의 성과를 극대화하기 위한 일련의 특허들, 즉 특허 포트폴리오를 마련하는 것은 고려해야 할 것이 많은, 매우 복잡한 일이다. 게다가 예산의 제약을 받으므로 중요한 발명들 중에서 더 중요한 것을 골라야 한다.

특허 포트폴리오 전략이 중요함은 익히 알고 있으나 'How to build

up?'에 대한 답은 찾기 어렵다. 어떤 기술이나 제품에 대한 결과적인 특허 포트폴리오가 제시된 것은 있으나 어떤 과정을 거쳐 도출된 것인지 나타나 있지 않다.

특허 포트폴리오는 사업 환경, 사업의 목표와 전략, 확보 가능한 재원 등을 고려하여 주체에 맞게 맞춤형으로 도출되어야 한다. 사업마다 기술·제품이 다르고, 처한 환경이 다르며, 기업이 지향하는 바가 다르므로, 'How to build up?'을 얘기하기 어려운 것이 사실이다. 바꾸어 말하면, 특허 포트폴리오는 반드시 사업 관점에서 바라보아야 하므로 사업 전략이 정의된 후에야 제대로 설계할 수 있다.

저자는 연구개발 8년, 특허전략 업무 수행 18년 동안 다양한 경영 환경, 기술·제품 유형, 사업추진 방식을 경험하였으며 이를 바탕으로 'How to build up patent portfolio?'를 설명해 보고자 한다.

이 책은 저자의 경험과 지식에 한정된 것이므로 이것이 발판이 되어 더욱 정교한 특허 포트폴리오 전략이 발전되기를 바란다.

2장 특허 포트폴리오

3장 특허 포트폴리오 전략의 목적과 예산

4장 특허 포트폴리오의 코어설계

5장 특허 포트폴리오 강화설계

6장 특허 포트폴리오 구축 실행 TIP

1장

비즈니스의 모방과 독점

- 혁신과 모방, 비즈니스라는 전쟁터
- 모방을 차단하는 것이 가능한가?
- 특허를 확보하고도 사업을 독점하지 못하는 이유
- 기술 개발 단계와 특허 한 건의 보호범위
- 시장을 지키고자 하는 기업 vs. 시장을 뺏으려고 하는 기업

모방이 만연한 사업 환경에서 특허는
경쟁자의 모방을 차단함으로써
블루오션을 가능하게 할 수 있다.
그러나 최초로 개발한 제품에 대해
특허를 확보하고도
사업을 지키지 못한 사례는 많다.

특정 기술에 대한 특허를 확보하는 것이
항상 사업 보호를 의미하지는 않기 때문이다.
산업 분야에 따라 특허로 독점적 지위를 누리는 것이
상대적으로 용이한 분야도 있으나
거의 불가능한 분야도 있다.

혁신과 모방,
비즈니스라는 전쟁터

혁신이야말로 이 세상을 발전시키는 원동력이며, 가치 창출의 근원이다.

상대적으로 기술의 비중이 높지 않아 보이는 1차 산업 분야의 발전에도 기술의 기여가 절대적이다. 농업을 살펴보면 20세기 초 독일의 과학자 프리츠 하버가 공기 중 질소를 고정시킨 비료를 개발하여 식량 생산 효율이 비약적으로 향상되었으며, 몬산토[1] 등 종자 기업들은 병충해에 강하고 생산성이 높은 품종들을 개발하여 인류의 식량 문제를 해결하였다. 최근에는 스마트 팜 등 디지털 농업 기술과 유전공학 기술이 도입되어 농업 분야에 새로운 장이 기대되고 있다.

기술집약적 제품인 반도체는 1970년에 미국의 인텔에서 1K DRAM을 만든 후 생산 기술, 소재 등의 혁신으로 50년이 지난 2019년, 전 세계 시장 규모가 500조 원에 달하는 산업이 되었다. 현재 컴퓨터, 통신,

---

1 독일의 다국적 화학·제약 기업인 바이엘이 미국의 다국적 종자·농약 기업인 몬산토를 인수함.

로봇, 에너지, 디스플레이, 자동차 등 수많은 제품에 사용되고 있으며 반도체가 사용되는 제품 시장은 그야말로 거대하다.

모든 현대인의 필수품인 휴대전화는[2] 1983년 최초의 상용 휴대전화 다이나택(DynaTAC)이 판매되었을 때 목소리만 전하던 무거운 벽돌이었으나 기술 혁신이 거듭되면서 디지털카메라, 비디오카메라, 내비게이터, 게임기, 동영상 플레이어, 쇼핑, 은행업무, 건강관리, 디지털 비서 등의 기능을 하는 복합 제품이 되었다. 1982년까지는 존재하지도 않던 제품이었으나 2020년에 5천억 달러 규모의 시장이 된 것이다.[3]

오래된 제품 시장도 새로운 기술의 도입으로 시장이 창조된다. 우리나라에서 세계 최초로 개발한 쿠션팩트는 오랫동안 사용되던 액체 타입의 파운데이션을 대체하고 있다. 쿠션팩트는 액체를 스펀지에 담아 퍼프로 찍어 쓰는 제품으로, 2008년에 아모레퍼시픽 그룹에서 최초로 개발했다. 아모레퍼시픽 그룹은 2014년 한 해에 쿠션팩트 단일 제품으로 9천억 원의 매출을 달성했으며 이후 전세계 글로벌 화장품 기업들이 쿠션팩트를 생산하고 있다.[4]

혁신의 모방은 점점 거세지고, 이것이 또 다른 혁신을 가져오기도 하

2　1973년 모토로라의 마틴 쿠퍼 박사와 연구팀이 최초 개발.
3　http://www.zdnet.co.kr/view/?no=20191113162303
4　http://www.womentimes.co.kr/news/articleView.html?idxno=9333

지만 최초 혁신자는 의욕이 저하된다.

히트 상품이 나오면 즉시 유사한 제품이 시장에 쏟아져 나온다. 심지어 특정 국가에서 유행하는 제품, 상표, 예능 프로그램 등이 금방 복제되어 다른 나라에 등장하곤 한다. 예전에 비해 새로운 것을 개발하여 얻는 이익을 누릴 수 있는 기간이 급격히 짧아지고 있다.

모방이 심해지는 데는 몇 가지 원인이 있다. 첫째, 정보 접근 장벽이 없어졌다. 둘째, 제조 기술이 획기적으로 발전하였으며, 제조를 아웃소싱할 수 있다. 셋째, 인력의 이동, 정보의 이동이 빨라졌다. 넷째, 글로벌 경제가 되면서 모방으로 얻을 수 있는 이익이 커졌으며 모방이 효율적인 비즈니스 전략으로 개발되고 있다.

첫 번째, 정보 접근 장벽의 붕괴는 대중의 정보 접근성을 획기적으로 향상시켰다. 1990년 중반만 해도 시장정보, 산업정보 등 고급 데이터베이스(data base)를 분석하는 것은 전문가의 영역이었다. 특허정보도 도서관에 필름 형태로 보관되어 있어 한 페이지씩 슬라이드로 봐야 했으며, 고급 정보를 구하려면 'Dialog DB' 등을 유료로 이용해야 했다. 'Dialog'는 세계 최대 DB로 'Blue Book'이라는 검색 가이드와 DB 구조를 숙지한 전문가만 접근할 수 있었으며 사용료도 매우 비쌌다.

특허분석 비용도 국내 특허동향 분석이 20년 전 5천만 원 수준이었으나 지금은 1천만 원대로 드라마틱하게 낮아졌다. 지금은 대부분의 정보를 무료로 얻을 수 있으며 찾는 것도 용이하다. 한마디로 모방을 하면 경제적 가치가 큰 것이 무엇이며 모방을 하려면 어떻게 해야 하는지에 대한 정보를 얻기가 매우 쉬워졌다.

　두 번째, 제품 아이디어만 있으면 그것을 용이하게 제조할 수 있을 정도로 제조 기술이 발전했다. 첨단 장비를 구매하여 제조 기술을 비교적 단기간에 업그레이드할 수 있다. 심지어 공장이 없어도 제조를 의뢰하여 제품을 만들고 비즈니스를 할 수 있다. 제조 아웃소싱은 나이키, 애플 등 글로벌 기업의 전략이기도 하다. 이러한 제조 기술의 발전과 패러다임의 변화가 모방을 촉진하고 있다. 물론 첨단 소재와 장비, 반도체 등 제조 기술이 핵심인 분야도 있다.

　세 번째, 기술력이 관건인 첨단 기술 분야도 핵심인력을 확보하여 모방함으로써 기술 개발 기간을 단축할 수 있다. 인력 이동은 경쟁기업 사이에 활발하게 일어나고 있다. OLED, 반도체, 이차전지 등 우리나라가 우세한 유망 산업 분야를 따라잡으려는 중국 기업은 우리나라 기술인력 확보에 심혈을 기울이고 있다. 뉴스에 따르면 중국은 우리나라 OLED 기술 인력에 한국에서의 연봉 3배를 제시하고 있으며, 리튬이차전지 분야도 삼성SDI, LG화학, SK 이노베이션 3사 간 인력 이동이 활발하며 애플, 구글 등 글로벌 기업으로 옮기는 경우도 많다.

　네 번째, 모방이 효율적인 경영전략으로서 인식되고 있으며 체계적인 모방 프로세스가 개발되고 있다. 오데드 센카 미국 오하이오주립대 경영대 교수는 그의 저서 『모방자들(Copycats)』에서 모방할 산업, 모방할 기업, 구체적인 대상, 적절한 시점, 효과적인 방법을 찾아내는 구체적인 방법론을 제안하였다.[5] 또한, 특허 정보의 체계적 분석과 이를 창조적으로 모방하여 혁신을 도출하는 다양한 방법론이 소개되었으며[6] 데이비드 코드 머레이도 그의 저서[7]에서 효율적인 모방 프로세스를 제시하였다. 여기서 모방은 'dead copy'가 아니라 창의적 개선을 포함한다.

시장에서 모방은 체계적인 프로세스를 거치지 않고도 이윤을 추구하는 기업들의 동물적인 감각에 의해 이루어진다. 시장이 성장하는 것, 이윤이 높은 것이 그 대상이며 글로벌 경제의 성장에 따라 이익이 커지므로 모방의 유혹에 저항하기 어렵다.

판매되는 혁신 제품과 모방 제품을 살펴보자. 다이슨(Dyson)은 가전 분야의 대표적인 혁신 기업이다. 다이슨은 베르누이 원리를 이용한 날개 없는 혁신적인 선풍기를 개발했으며, 요즘 '핫 아이템'인 무선청소기도 다이슨이 선도 개발 기업이다. 다이슨은 무선청소기의 핵심 기술인 모터 개발에 10년간 3676억 원, 먼지봉투 없는 진공청소기 개발에 15년을 투자했으며, 5,000여 개의 시제품을 개발·평가하여 기존 제품과는 차별화되는 제품을 시장에 내놓았다.

---

5   매일경제, "모두가 혁신을 부르짖을 때 그는 과감히 모방을 외쳤다", 2010.11.16.
6   한규남, 『특허에서 혁신을 꺼내자』, 북랩, 2018.
7   데이비드 코드 머레이, 『바로잉』, 흐름출판, 2011.

이후 다이슨의 제품이 인기를 끌자 국내 가전기업을 비롯 중국의 가전 기업들은 다이슨의 디자인과 성능을 모방한 제품을 빠르게 개발하여 경쟁하고 있다.[8][9][10]

히트 상품을 모방하는 정도와 속도는 상상 이상이다. 2018년에 다이슨은 V10을, 디베아는 D18 제품을 출시했으며 D18은 다이슨의 2016년 모델 V8과 매우 유사했다. 불과 2년 만에 디베아의 모방 제품이 나온 것이다. 다이슨이 무선청소기 개발에 수많은 시간과 자본을 투입한 것에 비하면 무임승차라고 할 정도다.

2018년에 출시된 V10과 D18을 비교하면, D18은 청소기의 핵심 성능인 흡인력, 전지용량이 다이슨의 V10과 격차가 크나 획기적으로 저렴한 가격과 편리함을 주는 디자인을 도입하여 소비자에게 어필하고 있다. 삼성, LG도 다이슨을 모방한 제품을 개발하여 시장에 판매하고 있으며 디베아와 달리 핵심 성능 면에서도 다이슨에 필적하고 있다.

모방이 난무하는 비즈니스 환경에서 다이슨은 혁신의 열매를 충분히 수확했을까? 모방을 차단하여 혁신을 독점할 수는 없었을까?

---

8   http://www.dt.co.kr/contents.html?article_no= 20160803021099328l6001

9   https://www.hankyung.com/economy/article/201806127485g

10 http://dpg.danawa.com/mobile/community/view?boardSeq=28&listSeq=3746900

▶ 선도 개발 제품(Dyson V10 앱솔루트 플러스)과 모방품(Debea D18) 비교

항목	Dyson V10 앱솔루트 플러스	Debea D18
출시	• 2018년	• 2018년
가격	• ~100만 원	• ~10만 원
흡인력	• 강력(151에어와트), 0.3㎛ 먼지 99.97% 제거	• 약함
모터-먼지통 배열	• V8과 다름, 직렬로 개선	• V8과 동일 구조
세척	• 필터만 물세척 가능	• 먼지통 분리 물세척 가능
무게	• 2.5kg	• 2.2kg
작동 방식	• 불편	• Dyson보다 편리
구동 시간	• 60분	• 초강력 모드 25분 · 표준 45분 정도
배터리	• 25.2V 3.5시간 완충	• 2,200mAh 4~5시간 완충

모방을 차단하는 것이
가능한가?

무한경쟁으로 지쳐가는 기업들에게 경쟁할 필요가 없는 블루오션 전략이 제안되었다.[11]

블루오션 전략은 경쟁하지 않기 위해 경쟁자와 차별화하는 전략이다. 먼저 해당 제품 시장에서 고객·시장이 요구하는 핵심 가치, 즉 업계가 경쟁하는 항목을 찾고 각 항목에 대해 나와 경쟁자의 수준을 파악한다. 그다음 핵심 가치들 중 '제거', '감소', '증가', '창조'하여 차별화된 시장을 창출할 항목을 찾아본다. 이렇게 찾은 시장은 기존 시장과 다른 특성을 가지므로 기존의 경쟁자들과 경쟁할 필요가 없다.

▶ 경쟁사와 자사의 사업전략을 직관적으로 파악하는 데 용이한 전략캔버스 프레임

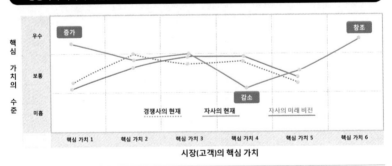

---

11 김위찬·르네 마보안, 『블루오션 전략』, 교보문고, 2005.

- 제거: 업계에서 당연히 핵심 가치로 받아들이고 있으나 제거할 수 있는 요소는 무엇인가?
- 감소: 업계의 평균 이하로 감소해도 시장(고객)이 원하는 가치를 크게 훼손하지 않으면서 비용을 크게 절감할 수 있는 요소는 무엇인가?
- 증가: 업계의 평균 이상으로 올리면 시장(고객)에게 큰 가치를 제공할 수 있는 요소는 무엇인가?
- 창조: 업계가 아직 제공하지 않았던 요소로서, 새롭게 도입하면 시장(고객)에 큰 가치를 제공할 수 있는 요소는 무엇인가?

제거, 감소, 증가, 창조 항목은 비용 대비 효용 즉, 가치를 고려해야 한다. 성능이 우수하면 좋겠지만 성능의 가치 이상의 비용이 소요되거나 다른 중요한 부분이 희생되어야 한다면 재고할 필요가 있다.

$$\text{고객에 제공하는 가치} = \frac{\text{효용}}{\text{비용}}$$

그러나 블루오션이 황금알을 낳을수록 새로운 경쟁자들이 많이 생겨나며 금방 치열한 전쟁터가 되는 게 사실이다. 이 때문에 블루오션 전략이 비판을 받기도 한다. 블루오션을 지속하려면 경쟁자를 막을 특별한 장치가 필요하며 아래와 같은 다양한 방법이 가능하다.

① 코카콜라와 같이 원료, 조성비 등을 알 수 없도록 한다.
② 고도의 기술을 확보하여 모방할 수 없게 한다.
③ 유통망을 장악하여 뚫을 수 없게 한다.
④ 막대한 자본을 투입하여 초기 가격을 낮춘다.

⑤ 모방했을 때 강력한 제재를 받도록 한다.

제품을 뜯어 보았을 때(reverse engineering) 기술을 알아낼 수 있으며 제조 기술이 어렵지 않다면 ①, ②의 방법은 불가능하다. 혁신기업이 자금력이 없는 스타트업이나 중소기업이면 ③, ④의 방법으로 블루오션을 지킬 수 없다.

반면, ⑤는 기술을 노하우로 보호할 수 없어도, 대기업이 아니어도 가능하다. 보호범위가 명확하며 보호범위에 대한 독점배타권을 허여하는 특허(실용신안, 디자인 포함)를 확보함으로써 무임승차하려는 모방자들에게 큰 압박을 가할 수 있다.

2010년 이후 약 10년간 발생했던 주요 기업 간 특허분쟁을 살펴보면, 방법 ⑤가 효과적인 방어막(모방 차단 방법)이 될 수 있음을 알 수 있다.[12] [13]

---

12 http://www.etoday.co.kr/news/view/1841613
13 2020년 1월 캘리포니아 중부지역법원은 칼텍의 와이파이 특허를 침해한 애플에게 8억 3천 780만 달러, 거의 1조 원의 배상금을 지급하라고 평결했다. 특허권자인 칼텍은 애플이 칼텍의 특허 기술이 사용된 브로드컴의 칩셋을 아이폰, 맥북에어, 애플와치 등 거의 모든 제품에 사용했으며 특허침해사실을 알고도 사용하여 피해를 입혔다고 주장했다(http://www.zdnet.co.kr/view/?no=20200131150311).

애플 vs. 삼성[14]

- 2011년 4월, 애플은 삼성전자가 자사의 디자인 특허를 침해했다며 10억 달러의 배상금 요구
- 삼성전자는 미국 국제무역위원회(ITC)에 애플 제품의 수입금지 신청
- 애플 역시 ITC에 삼성 제품 수입금지 신청
- 삼성은 한국, 독일, 일본, 이탈리아, 영국, 네덜란드, 프랑스 법원에 애플 제소
- 애플도 한국, 일본 법원 등에 삼성을 제소하고 네덜란드 법원에 삼성제품 판매금지 가처분 신청

✓ 삼성전자는 2015년 애플에 배상액 5억4800만 달러 지급
✓ 2018년 분쟁 종결

애플 vs. 퀄컴

- 2017년 애플은 스마트폰 모뎀칩 공급업체인 퀄컴이 독점 지위를 이용해 특허 사용료를 과도하게 요구한 것에 대해 270억 달러의 손해배상 청구
- 퀄컴은 애플과 제조업체들이 계약을 위반했다며 최소 70억 달러의 손해배상 청구

✓ 2019년 분쟁 종결, 라이선스 계약 체결

---

14 삼성과 애플의 소송은 애플이 삼성에게 카피캣의 이미지를 씌우는 한편 자신은 창의적인 기업이라는 프레임을 굳히고, 매출에도 타격을 주어 시장 장악력을 강화하려는 의도로 해석된다.

주요 특허분쟁사례에서 살펴본 바와 같이, 특허는 경쟁자에게 배상금이나 판매금지 가처분 등의 조치를 취해 비즈니스를 압박함으로써 시장의 헤게모니를 잡을 수 있게 해준다. 특허가 블루오션의 보호막이 되는 것이다.

이것은 혁신 기술을 개발하는 벤처기업·중소기업들에게 특히 중요하다. 기술이 기업 가치의 대부분을 차지하므로 이것을 보호하지 못하면 거의 전부를 잃는 것이며, 기술을 지킬 수 없다면 유통망, 마케팅, 제조역량 등에서 우위를 점하는 큰 기업들에 대항하기 어렵기 때문이다. 따라서 혁신 벤처기업·중소기업이 비즈니스를 성공시키기 위해서는 특허를 잘 만드는 것이 필수적이다.

비즈니스는 끊임없이 혁신하고 혁신을 지키려는 자와 혁신을 모방하여 가치를 창출하려는 자들의 전쟁터이다. 특허는 혁신을 창출한 기업들이 모방자들의 무임승차를 차단하여 비즈니스를 지킬 수 있게 할 수 있다.

---

15 http://www.hani.co.kr/arti/economy/marketing/915858.html

특허를 확보하고도
사업을 독점하지 못하는 이유

그렇다면, '세계 최초 개발 & 특허 확보'를 하면 비즈니스를 독점할 수 있나? 안타깝게도 항상 그렇지는 않다. 우리나라에서 세계 최초 개발한 MP3 플레이어, 쿠션팩트 시장은 전 세계 기업의 각축장이 되어버렸다.

특허가 블루오션을 가능하게 하는 강력한 도구임에 틀림이 없지만 특허 확보만으로 비즈니스를 독점할 수 있는 것은 아니다.

특허로 사업을 독점하려면, 다각도의 기술모방을 특허권으로 저지할 수 있도록 넓은 보호막을 칠 수 있어야 하며, 특허권을 무효화하려는 경쟁자의 공격을 버텨낼 만큼 보호막이 견고해야 한다.

즉, 특허의 보호범위와 특허권의 안정성이 관건이다.

① 특허의 보호범위(회피설계를 막을 수 있어야 함)
② 특허권의 안정성(권리의 무효·축소 가능성이 없어야 함)

특허의 보호범위는 특허가 보호할 수 있는 기술·제품과 특허권이 미치는 지역을 의미한다. 보호범위가 충분히 넓어야 효과적으로 경쟁자를 저지할 수 있다.

실제 시장에서 세계 최초의 제품을 만들고 특허를 확보했어도 사업을 보호하지 못하는 이유는 특허를 충분히 넓고 견고하게 만들지 못했기 때문이다. 이는 출원인의 실수일 수도 있으나 **하나의 특허에 담을 수 있는 기술범위가 한정된다는 데 근본 원인이 있다.** 특허제도의 1발명 1출원 원칙은 하나의 특허가 보호할 수 있는 범위를 제한한다. 1발명의 범위는 공개된 선행 기술에 따라 달라지며 선행 기술보다 상위 개념에는 권리가 허락되지 않기 때문에 다양한 방법을 포괄하여 등록받는 것이 불가능한 경우가 많다.[16]

특허의 범위가 한정되어 있으면 경쟁자들은 특허의 권리를 벗어나 동일한 목적을 달성할 수 있는 다른 방법을 찾아 특허권의 위협에서 벗어난다. 이것을 회피설계(design around)라고 한다.

회피할 수 없는 원천특허[17]를 확보할 수는 없을까? 여기에 2가지 문제가 있다. 첫 번째, 원천특허는 확보하기 매우 어렵다. 대부분의 기술

---

16 기술 개발 초기에는 1출원으로 인정되는 1발명의 크기가 크지만 기술 수명 주기에서 후반부로 갈수록 1출원에 담을 수 있는 1발명의 기술 콘셉트가 작아진다.

17 원천특허는 원천 기술에 관한 것으로서, 어떤 제품을 만들려면 침해할 수밖에 없는 넓은 권리범위를 가진 특허이다. 원천 기술은 어떤 제품을 사업화하는 데 없어서는 안 될 핵심 기술이며, 다른 기술에 의존하지 않는 독창성을 가지고 다수의 응용 기술을 만들어내어 산업에 적용하는 기술이다.

이 여러 기술의 기초 위에 개발되므로 완전 독자적인 기술은 매우 드물다. 두 번째, 원천특허를 확보해도 독점적으로 시장에서 활용하기 어렵다. 원천 특허의 기술은 상용화되는 데까지 많은 시간이 소요되므로 실제 제품에 활용되는 시점에 특허권이 유효하지 않은 경우가 많다.

그렇지 않은 경우라고 해도 원천 기술보다 우수한 기술이 나타나거나 대부분의 경우 제품화에 원천 기술 이외의 여러 가지 기술이 필요하기 때문에, 원천특허권자도 이러한 기술을 사용해야 하므로 개량특허권자와 서로 기술을 허용하는 관계가 되어 시장독점을 유지하기 어렵게 된다.[18]

이와 같이 특허가 있어도 사업을 보호하기 어려운 경우가 많으며 심지어 특허권이 무효가 되는 허무한 상황이 발생하기도 한다. 제품판매에 걸림돌이 되는 특허를 타깃으로 하는 크고 작은 심판, 소송 과정에서 강하다고 생각했던 특허가 심사에서 다뤄지지 않은 선행자료 또는 예상하지 못한 문제로 권리범위가 축소되거나 무효화되어 사업을 보호할 수 없게 된다.

그래서, 전략이 필요하다.

---

[18] 개량특허는 개량 기술에 관한 특허로서, 어떤 제품을 만드는 데 반드시 개량특허를 침해하는 것은 아니지만 실질적으로 원천특허에 비해 개량의 정도가 큰 경우 시장에서 개량특허의 기술을 선호하게 되므로 상당한 가치를 가질 수 있다. 개량 기술은 원천 기술의 흠결을 해결하고 성능, 편의성, 경제성 등을 개선하여 고객에 제공하는 가치를 높인 기술이다.

기술 개발 단계와
특허 한 건의 보호범위

특허로 사업을 보호하는 것은 돌로 물길을 막는 것에 비유할 수 있다. 물길의 흐름은 기술 성숙 과정이며 돌의 크기는 특허 한 건의 보호범위이다.

상류에서는 물길의 폭과 깊이가 작은 반면 큰 돌들이 있어 한두 개의 돌로 물길을 막을 수 있지만 하류로 갈수록 폭과 깊이가 커지는 반면 돌의 크기는 작아져서 돌을 많이 쌓아야 물길을 막을 수 있다.

▶ 물길의 폭과 주변 돌 크기를 고려한 상류와 하류의 물길 차단

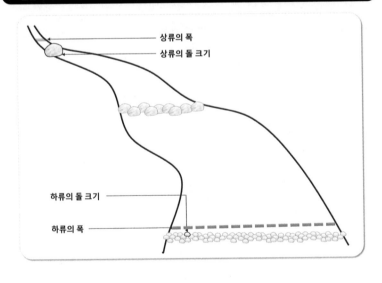

상류의 폭
상류의 돌 크기

하류의 돌 크기

하류의 폭

물길의 상류는 기술 개발 초기 단계, 하류는 기술이 성숙된 단계, 돌로 물길을 막는 것은 경쟁자의 회피설계를 막는 것, 즉 특허로 사업을 보호하는 것과 같다.

기술 개발 초기에는 권리범위가 넓은 특허를 등록받을 수 있어 한두 건 또는 몇 건의 특허로 사업에 필수적인 길목을 막을 수 있다. 그러나 기술이 성숙될수록 관련 기술의 폭이 넓어지는 데 반해 1출원으로 인정되는 권리범위가 줄어들어 적은 수의 특허로는 사업을 보호하는 것이 불가능하다.

▶ 기술 성숙도와 특허 1개의 권리 크기를 고려한 개발 초기, 기술 성숙 단계의 모방 차단 개념

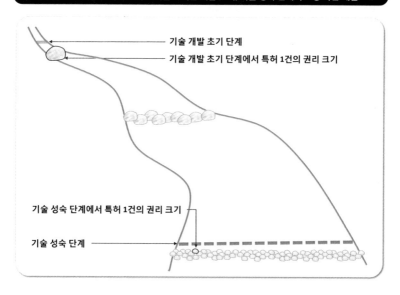

단일 기술이 아닌 제품 관점에서 보면 상황이 더 복잡해진다. 하나의 중심 기술로 제품이 이루어지는 제약 같은 분야도 있지만 여러 개의 기

술이 융합되어 제품을 이루는 경우도 많다. 세계 최초 개발 제품이 발전된 기술들의 조합인 경우, 이미 물길의 상류가 아니므로 강물의 폭은 넓고 돌은 작다. 따라서 최초 개발 시점에서도 몇몇 특허로 사업을 보호할 수 없고 전략적으로 댐을 쌓아야 한다.

▶ 융합 기술로 구성된 제품의 모방 차단 개념

제품을 개발하여 특허를 확보하고자 할 때 다음의 사항을 고민해 보자.

① 특허로 사업을 독점하는 것이 가능한가?
② 사업을 독점하려면(후발 기업의 회피설계를 차단하려면) 어느 정도의 특허가 필요한가?
③ 특허만으로 사업을 독점할 수 없다면 사업을 독점하기 위해 어떤 전략이 필요하며, 특허전략의 목적은 무엇인가?

[참고] 1발명 1출원의 원칙

A사는 x와 y를 견고하게 고정한 새로운 제품을 개발했다. 상황 1에서는 x, y를 고정한 선행 기술이 존재하지 않으므로 폭넓은 권리확보가 가능했다. 반면, 상황 2는 고정수단 중 나사가 공지되어 고정수단을 포괄하는 권리확보가 불가능하여 유력한 고정수단들을 각각 출원해야 경쟁자의 회피설계를 막고 사업을 지킬 수 있다.

▶ **출원 당시 공지 기술에 따라 달라지는 1출원 범위**

상황 1
- x와 y는 알려진 물건
- x와 y를 고정한 제품·특허는 알려지지 않음

A사의 권리설계
- **x와 y를 고정하는 수단으로 이루어진 제품에 대한 권리 가능**
  → 고정 수단에 못, 접착제, 나사, 리벳 등이 모두 포함되므로 경쟁자는 x, y를 고정하는 수단을 변경하여 회피설계 불가능함

상황 2
- x와 y는 알려진 물건
- x와 y를 나사로 고정한 제품 특허 이미 존재(선행 기술)

A사의 권리설계
- **x와 y를 고정하는 수단으로 이루어진 제품에 대한 권리 불가능**
  → 선행 기술에 의해 거절되므로 선행 기술과 다른 기술요소를 도입해야 함
  → 나사와 다른 고정 수단인 접착제, 리벳은 작동 원리가 다르므로 1발명의 범위를 벗어나 하나의 출원에 포함시킬 수 없음

A사의 권리설계
- **x와 y를 고정하는 탄성 접착제로 이루어진 제품**
  → 경쟁자는 고정 수단을 탄성 접착제가 아닌 나사, 리벳, 못 등으로 대체하여 회피설계 가능함
- **x와 y가 리벳으로 고정된 제품**
  → 경쟁자는 고정 수단을 리벳이 아닌 나사, 탄성접착제, 못 등으로 대체하여 회피설계 가능함

[사례] 여성들의 필수템, 쿠션팩트[19]

쿠션팩트는 특수 제작된 다공성 구조체에 액체인 메이크업 제품을 흡수시켜 손에 묻히지 않고 퍼프로 찍어 바르는 화장품이다.[20] 쿠션팩트 이전 제품은 액체 제품을 손에 덜어 바르는 리퀴드 파운데이션이다.

세계 최초 쿠션팩트는 2008년에 아모레퍼시픽에서 출시했으며 특허도 확보했으나 최초 개발 기업이 시장을 독점하지 못하고 국내외 수많은 화장품 기업이 쿠션팩트 시장에서 경쟁하고 있다.

아모레퍼시픽의 중요 특허는 2011년에 출원 2013년에 등록되었으며 이후 다른 기업으로부터 기술료를 받는 등 쿠션팩트 시장의 진입장벽으로 인식되고 있었다. 그러나 이 시장을 노리는 LG화학, 코스맥스 등의 기업들이 여러 차례 특허무효 심판을 제기하였고 최종적으로 2018년 대법원의 판결로 무효가 되었다.

이 특허의 명칭은 '화장료 조성물이 합침된 발포 우레탄 폼을 포함하는 화장품'으로, **에테르폴리머 타입이며 망상형 구조의 발포 우레탄 폼**이라는

---

19 http://m.kukinews.com/m/m_article.html?no=556609
https://post.naver.com/viewer/postView.nhn?volumeNo=16109807&memberNo=31095830
20 액체 인주가 스펀지에 담겨 고르게 찍히는 주차 도장에서 개발 아이디어를 얻었다.

점이 포인트이다.

> **아모레퍼시픽 핵심특허 10-1257628의 독립 청구항**
>
> - 화장료 조성물이 함침된, 에테르폴리머 타입이고 망상형 구조를 가지는 발포 우레탄 폼을 포함하는 화장품.

아모레퍼시픽이 특수한 우레탄 폼으로 권리를 한정한 이유는 1982년 Colgate-Palmolive Company에서 출원한 US4344930에 이미 쿠션팩트의 개념이 공개되었기 때문이다.[21] 따라서 쿠션팩트 기술의 물줄기에서 가장 큰 돌을 차지할 수 없었고 공개된 기술과 차별화하여 '에테르폴리머 타입이며 망상형 구조인 우레탄 폼'으로 권리범위를 줄일 수밖에 없었다. 실지로는 대부분의 기업이 에테르폴리머 타입이며 망상형 구조인 우레탄 폼을 사용하고 있어 권리범위가 그다지 축소되지 않은, 잘 만들어진 특허였다.

그러나 10-1257628은 다음과 같은 논리로 무효가 되었다.

"발포 우레탄 폼은 에테르폴리머 타입과 에스테르폴리머 타입의 단 2종류이며, 선행특허가 에스테르폴리머 타입 우레탄 폼이었고 아모레의 특허는 에테르폴리머 타입으로 바꾸기만 한 것이어서 진보성이 없다."

아모레퍼시픽은 상기 특허 외에도 여러 쿠션팩트 특허를 출원하였으나

---

21 US4344930는 우레탄 폴리머에 피부 보호용 조성물을 담지하고 스펀지나 패드에 묻혀 사용하는 발명을 설명하고 있다.

출원 시기가 늦어질수록 물질을 막는 돌의 크기는 작아질 수밖에 없고 10-1257628과 같은 정도의 장벽을 만들 수 없었다.

시장이 황금알을 낳을수록 경쟁자들은 시장 진입에 방해가 되는 특허를 무효화하기 위해 거칠게 공격한다. 1~2건의 강력한 특허로는 안심할 수 없다. 후발 기업들의 기회를 차단하려면 탄탄한 특허 포트폴리오가 필수적이다.

시장을 지키고자 하는 기업 vs. 시장을 뺏으려고 하는 기업

기술을 최초 개발한 입장에서 다른 누구도 시장에 들어오지 못하게 하는 것이 쉽지 않으며 특허가 있어도 경쟁자의 시장진입을 막을 수 없는 경우가 있음을 살펴보았다.

그렇다면 후발 주자는 선도 기업의 특허 장벽이 있는 상태에서 시장에 진입하여 성공적으로 사업하는 것이 용이한 것일까?

여러 기술이 융합된 장치, 전자제품, 생활용품 등의 분야는 상대적으로 후발 주자의 시장 진입이 용이하다. 한두 개의 특허로 핵심 기술을 정의하기 어렵고, 시장성을 높이는 다양한 개량 기술들에 대한 특허 가치도 높기 때문이다. 따라서 원천성 높은 특허를 가진 선도 기업과 시장성을 높이는 개량특허를 가진 경쟁 기업들 간의 역학 관계도 복잡할 수밖에 없다.

반면, 제약, 소재 등의 분야는 융합제품 분야와 달리 원천성 높은 특허를 가진 선도 기업이 비즈니스의 헤게모니를 잡는다. 후발 기업이 제품을 카피하면 바로 특허권 침해 소송으로 전개되며 침해 소송에서 지게 되면 막대한 배상액을 지불해야 한다. 이런 분야의 특징은 하나 또는 소수의 특허에 제품 기술을 온전히 담을 수 있고 이 범위를 벗어나는 회피설계나 기술의 개량이 어렵다는 것이다.

최초 개발 기술을 지키려는 기업뿐 아니라 특허 장벽을 피해 비즈니스를 하려는 기업들에게도 특허전략은 절실히 필요하다.

제약 분야 특허소송 사례

2016년 길리어드, 머크에 3조 원 배상 판결

✓ 길리어드 사이언스의 C형간염 치료제가 Idenix Pharmaceuticals(머크의 자회사)의 US7608600 등 침해

✓ 미국의 법률가 및 과학자 단체인 I-MAK는 길리어드 사이언스의 C형 간염 치료제 주성분에 관한 핵심특허 여섯 건 대해 미국 특허심판원에 무효심판 제기

노바티스, 2029년까지 자가면역질환 치료제 시장 진입 좌절

✓ 글로벌 블록버스터 자가면역질환 치료제 Enbrel(성분 에타너셉트)에 관한 미국 특허소송에서 암젠이 노바티스의 자회사 Sandoz에 승리

✓ 바이오시밀러 개발사인 노바티스가 오리지널 개발사 암젠의 특허권을 무력화하려고 했으나 실패

2장

특허 포트폴리오

특허 포트폴리오는 1개의 특허에 비해
보호범위와 권리의 안정성 면에서 우수하다.
그렇지만 예산의 제약으로
원하는 만큼의 특허를 확보하기 어려우며,
확보된 특허 중 상당수는
비즈니스에 기여하지 못하는 것이 현실이므로
우수한 특허 포트폴리오를 확보하기 위한
고민이 필요하다.

특허 포트폴리오 전략은
기업의 비즈니스에 필요한 일련의 특허들을
확보하기 위한 계획을 마련하는 것이며,
특허 포트폴리오의 목표와 예산 도출,
목표 달성을 위한 코어 특허 설계,
특허 포트폴리오 강화의 3단계를 제안한다.

특허 한 건 vs.
특허군

관련 기술에 대해 여러 개의 특허를 확보하면 보호범위와 권리의 안정성 측면에서 모두 유리해진다.

1장에서, 특허로 사업을 보호하려면 회피설계를 막을 수 있을 정도로 특허의 보호범위가 넓어야 하며, 무효·권리축소 가능성이 없어야 하지만 특허 한 건으로 이것을 실현하기가 어렵다는 것을 설명하였다.

관련 기술에 대해 여러 개의 특허를 확보하면 특허의 보호범위를 병렬적으로 확장할 수 있으며 직렬적으로 촘촘하게 만들 수 있다. 하나의 특허에 담을 수 없는 여러 발명 아이디어를 각각의 특허로 보호할 수 있으며 하나의 발명 아이디어도 다각도로 보호되기 때문에 경쟁자가 틈새를 찾아 회피하기 어려워진다. 특허 한 건의 보호범위를 벗어나는 회피설계는 용이해도 여러 개의 특허 보호범위를 모두 회피하는 통합적인 대응 방안을 마련하기는 매우 어렵다.

또한, 특허가 여러 개면 안정성이 증가한다. 관점과 깊이가 다른 청구항이 많아지므로 특허군에 속한 많은 청구항을 무효화하거나 경쟁자가 사업하기 용이한 수준으로 권리를 축소시키는 것이 매우 어렵기 때문이다. 만약 물리적으로 가능하다고 해도 비용이나 시간 측면에서 반격할 의지가 무력화된다. 또한 특허 수가 많아질수록 하위개념에 관한 종속항을 계층적으로 다양하게 설계할 수 있으므로 경쟁자들이 개량특허를 출원할 여지를 줄여준다.[22]

▶ 권리의 병렬적 확장과 회피설계 곤란성 관점의 특허 포트폴리오의 장점

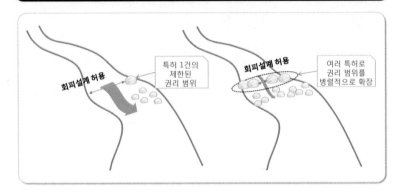

한 건보다 여러 건의 특허를 확보하는 것이 보호범위와 안정성 측면에서 유리하다고 하나 무작정 많은 특허를 확보할 수는 없다. 예산이 한정적이며 보호범위와 안정성이 특허 수에 정비례하지도 않기 때문이다. 예산한도에서 향후 활용을 고려할 때 어떤 아이디어에 대한 권리를,

---

22 특허의 종속항은 독립항의 범위 중 특히 효과적인 범위 또는 효과가 높은 추가구성을 청구한다. 종속항이 촘촘하지 않은 경우 다른 출원인이 종속항의 콘셉트를 특허로 출원하여 등록받을 수도 있다.

얼마나(포트폴리오의 규모, 특허건수), 어떤 분포(포트폴리오의 구성)로 확보하는 것이 효과적일까?

특허
포트폴리오란?

포트폴리오는 특허뿐 아니라 다양한 분야에서 사용되는 용어로, 사전적으로 서류가방, 모음(collection), 작품집, 위험과 예상수익을 고려한 분산투자 등의 여러 가지 의미가 있다.

위키피디아에 의하면 특허 포트폴리오는 한 가지 기술 주제에 관한 것이거나 여러 기술 주제에 관해 한 기관 또는 개인이 보유한 일련의 특허들로 정의되고 있다.[23] 어떤 구성이든 상관없이 결과적으로 모여 있는 한 기관의 특허들이 특허 포트폴리오이다.[24]

일반적으로 한 건의 특허보다 '여러 특허의 모음', 즉 특허 포트폴리오

---

23 "A patent portfolio is a collection of patents owned by a single entity, such as an individual or corporation. The patents may be related or unrelated. Patent applications may also be regarded as included in a patent portfolio."
https://en.wikipedia.org/wiki/Patent_portfolio

24 IP(Intellectual property) 포트폴리오는 특허뿐 아니라 디자인권, 상표권, 저작권 등 모든 지식재산을 포함한 포트폴리오이다. 특허 포트폴리오를 IP 포트폴리오로 표현하기도 하지만, 이 책에서는 기술 기반의 사업과 특허를 다루므로 특허 포트폴리오로 표현하겠다.

가 보호범위와 안정성 면에서 강하다고 했지만, 포트폴리오의 개별 특허들의 강도와 구성에 따라 특허 포트폴리오의 보호범위와 안정성은 매우 달라진다. 특허들이 많다고 해서 바람직한 특허 포트폴리오는 아니며, 많은 특허를 확보하려면 비용의 압박이 상당하다.

기업(또는 기관)[25]들이 특허를 확보하는 목적[26]에 비추어 볼 때, 바람직한 특허 포트폴리오는 '적절한 예산범위에서 확보할 수 있으며 기업의 비즈니스 전략에 적합한 일련의 특허들'이라고 할 수 있겠다.

특허 포트폴리오는 규모(특허건수), 세부 기술별 특허건수, 연도별 출원건수, 국가별 출원건수 등 여러 가지 기준으로 파악할 수 있으며 경쟁자와 비교하여 우세나 열위를 판단할 수도 있다.

---

25 연구소, 대학 등은 기술을 직접 사업화하지 않으므로 기관이 특허소송을 당할 위험은 없다는 점이 기업과 다르다. 그러나 연구기관의 특허도 기술이전하여 사업화하는 기술을 보호하는 데 최종적인 목적이 있으므로 따로 구분하지 않고 기업에 통합하여 설명하고자 한다.

26 기업의 특허 확보 목적은 '사업의 위험 최소화' 또는 '수익 극대화'라고 할 수 있다.

NPE 보유특허 포트폴리오 분석 보고서[27]

✓ 항목: NPE별, 'Market sector'별, 소송별

✓ 수준: 건수, 특허 강도

글로벌 자동차 기업의 특허포트폴리오에 관한 실증연구[28]

✓ 항목: 각 기업별

✓ 수준: 권리적, 기술적, 경제적 측면의 특허품질, 건수

Fluidigm: 특허 포트폴리오 분석 보고서[29]

✓ 항목: 제품별, 용도별, 시간별, 국가별

✓ 수준: 건수

상기 사례의 특허 포트폴리오는 주로 요소 기술별, 제품별, 기업별로 특허가 몇 건이며, 특허 품질이 어떠한가를 보여주고 있다. 기업은 이를 바탕으로 경쟁자에 비해 어떤 요소 기술이 취약하여 보완해야 하는지 어떤 요소 기술이 경쟁우위에 있는지 파악할 수 있다.

그러나 단순히 출원건수가 상대적으로 적은 요소 기술 분야의 특허

---

27 특허청 산업재산보호정책과, 『NPE 보유특허 포트폴리오 분석 보고서』, 특허청 산업
    재산보호정책과, 2018.

28 『기술혁신학회지』 제19권 2호 2016.6, pp.280~301.

29 Global Information, Inc.
    https://www.giikorea.co.kr/report/knm524299-fluidigm-patent-portfolio-
    analysis.html

출원을 강화해야 한다는 등의 전략으로 연결하는 것은 논리의 비약이다. 출원이 적은 부분이 사업이나 특허활용 측면에서 중요하지 않다거나 건수가 적은 타당한 이유가 있을 수 있기 때문이다.

특허 포트폴리오
전략이란?

특허 포트폴리오는 **과거** 활동의 결과로 확보된 일련의 특허들이다.
반면, 특허 포트폴리오 전략은 앞으로 확보할 특허 포트폴리오를 설계,
확보, 활용하는 **미래 지향**의 활동이다.

분명한 것은 투입 비용 대비 최대 효용을 얻도록 해야 하며, 특허를
확보할 세부 기술, 포트폴리오 규모, 출원국가, 투입 비용, 확보 방안 등
을 설계해야 한다는 것이다.

- 구성 기술에 대해 고르게 특허를 확보할 것인가? 중요 기술에 집중된 포트폴리
  오를 확보할 것인가?
- 포트폴리오의 규모는 어느 정도가 적합한가? 연도별 출원은 몇 건 정도가 적합
  하며 초반에 어느 정도를 확보할 것인가?
- 어떤 주요 기술에 대해 글로벌 특허를 확보할 것인가? 어떤 국가에 출원할 것인
  가?
- 특허 확보는 자체 개발 또는 특허 매입, 어떤 것이 적합한가?

위 질문 항목에 대한 답은 특허 포트폴리오를 구축하고자 하는 그

기관의 사업목적·목표에 따라 다르다. 특허 포트폴리오 설계에 가장 중요한 것은 **특허 포트폴리오의 방향성**이다. **반드시 사업전략과 일맥상통해야 한다.**

기업은 사업을 통해 경제적 수익을 추구하며 시장 환경과 기업의 역량 등에 따라 사업목표와 이를 달성하는 사업전략이 달라진다. 혁신성이 높은 세계 최초의 제품을 개발하여 시장을 선도하려는 기업도 있고, 기술력은 낮지만 유통망과 자금력이 우수하여 후발로 시장에 진입하여 시장을 확장하려는 기업도 있다. 중소기업은 대기업들이 차지하는 시장 사이 틈새시장을 노리기도 한다.

사업목표와 전략이 다양한 만큼 특허 포트폴리오 전략도 이에 맞추어 변해야 한다. 세계 최초로 제품을 개발한 기업은 공격적으로 특허 포트폴리오를 활용하여 직접적인 기술료 수익을 얻거나 경쟁자를 특허로 압박하여 사업 진입을 저지할 수 있는 특허 포트폴리오가 필요하다. 성장 중인 시장에 후발로 뛰어든 기업은 선도 기업의 특허 소송에 의한 피해를 최소화할 수 있는 특허 포트폴리오가 필요하다. 한편 특허분쟁도 거의 없고 정체 중인 시장에서는 특허 포트폴리오의 효용이 낮다.

특허 포트폴리오의 방향성을 정하고 나면 **전략의 목표를 달성하기에 충분한 특허 포트폴리오를 설계해야 한다. 시장을 선도(독점)하려면 그것이 가능할 정도의 파워가 있어야 하며, 경쟁자를 특허로 압박하려면 그렇게 할 수 있는 충분한 파워가 있어야 한다.** 충분한지 여부는 시장과 기술의 특성과 경쟁자에 따라 판단해야 한다.

 사업은 나 혼자 하는 게임이 아니며 항상 경쟁자가 있다. 절대적인 나의 수준이 만족스럽지 않더라도 경쟁자보다 우위면 시장에서 승리할 수 있다. 비용을 최소화하고 최대의 효과를 거두려면 경쟁자에 대한 정보가 필수적이다.

 특허 포트폴리오 전략에 고려할 사항을 요약하면, 사업전략에 따라 특허 포트폴리오의 방향성을 정하고 사업의 특징과 경쟁자를 고려하여 특허 포트폴리오의 규모와 세부사항을 결정해야 한다.

특허 포트폴리오의
품질

특허 포트폴리오 중 소수의 특허만 수익을 발생시키거나 경쟁자의 시장 진입에 장벽 역할을 한다는 것이 특허 포트폴리오를 분석한 여러 자료의 결론이다. 특허 포트폴리오를 구성하는 대부분의 특허는 소소한 기술적 진보에 관한 것이거나 업계에서 그 특허의 기술을 사용하지 않아 특허 포트폴리오의 가치에 별다른 영향을 주지 못한다.

실제 IT 분야 미국 기업들의 특허 포트폴리오를 제품에 사용되는 정도와 보호범위의 광협에 따라 분석한 결과는 다음과 같다.[30]

1수준: 가치가 매우 높은 특허들
지금까지 또는 미래에 라이선스 되거나 기업들이 사용할 수밖에 없는 넓은 권리범위를 가지고 있다. 특허 포트폴리오 중 1%(0.5~2% 범위) 정도이나 특허 포트폴리오의 대부분의 가치를 창출한다.

---

30 By Larry M. Goldstein, 『Patent portfolios: Quality, Creation, and Cost』, True Value Press, 2015, p80, p212.

2수준: 상당한 가치를 가진 특허들

제품에 사용되거나 사용될 가능성이 있으나 권리범위를 피할 수 있거나 약화시킬 수 있다. 특허 포트폴리오 중 ~10%이며 특허 포트폴리오의 나머지 가치를 창출한다.

3수준, 4수준: 가치가 낮은 특허들

3수준은 과거에 사용되었거나 제한적인 권리범위를 갖는 특허들이다. 4수준 특허들은 제품과 관련도가 낮으며 특허 포트폴리오의 규모에 기여한다. 3수준과 4수준의 특허는 특허 포트폴리오의 ~90%에 해당한다.

특허 포트폴리오를 구성하는 특허들의 수준과 비율은 기술 분야와 출원인에 따라 다를 것이며, 상위 수준 특허 비율이 높은 특허 포트폴리오를 우수하다고 할 수 있다. 경쟁기업 또는 선도 기업의 특허 포트폴리오와 자신의 특허 포트폴리오를 비교·분석하면 상대적인 우열을 판단하고 전략 수립의 기초자료로 사용할 수 있다.

문제 해결 수단(발명 아이디어)의 수준을 정의한 또 다른 기준도 있다. 특허 분석을 기반으로 러시아에서 개발된 TRIZ[31]에서는 발명의 수준을 5단계로 구분하고 있다. 아이디어가 현재 관심사로부터 먼 곳에서

---

31 러시아어 Teoriya Resheniya Izobretatelskikh Zadatch의 약자이며 영어로는 theory of solving inventive problem이다.

출발할수록 발명의 수준이 높아지는 것을 볼 수 있다. 새로운 원리 발견은 산업이 아닌 자연이나 예술로부터 출발할 수도 있다.

▶ TRIZ의 발명 수준 구분

구분	발명 수준	비율	아이디어 출처
Level 5	새로운 원리 발견	1%	모든 지식
Level 4	새로운 개념	4%	이종 산업 지식
Level 3	상당한 개선	18%	동종 산업 지식
Level 2	미미한 개선	45%	해당 기업의 지식
Level 1	자명한(뻔한) 해결책	32%	개인의 지식

특허 포트폴리오를 구성하는 특허들의 품질 판단은 발명의 혁신성보다는 특허의 활용 가치에 초점을 맞추는 것이 바람직하다. 물론 발명의 수준이 높을수록 가치가 큰 특허를 만들 가능성이 커지나 반드시 그렇지는 않다. 혁신적인 발명도 특허를 만드는 과정에서 권리범위 설계를 잘못할 수 있으며, 개량발명이지만 그 산업에서 누구나 반드시 사용할 수밖에 없는 특허가 될 수도 있다.

이 책에서는 특허 포트폴리오를 구성하는 특허들의 수준을 평가하는 새로운 프레임을 제시하고자 한다. 특허 포트폴리오의 가치에 기여하는 정도를 판단할 수 있도록 해당 특허가 적용되는 제품의 범위와 회피설계의 용이성을 판단 기준으로 삼았다. 제품에 적용됨을 판단하는 시점은 현재 또는 미래이며, 회피설계는 기술적으로 대안을 쉽게 발견할 수 있음은 물론 경제적으로도 추가 비용이 발생하지 않아야 용이하다고 할 수 있다.

구분	정의	적용 제품 범위	회피설계 용이성
1 수준	• 해당 분야 제품에 널리 사용될 수밖에 없는 특허	• 현재 여러 제품에 사용되고 있거나 라이선스됨 • 가까운 미래에 대부분의 제품에 사용될 것이 자명	• 회피설계가 불가능한 넓은 권리범위
2 수준	• 일부 제품에 사용될 수밖에 없는 특허	• 현재 일부 제품에 사용되거나 라이선스됨 • 가까운 미래에 일부 제품에 사용될 것이 자명	• 회피설계가 가능하나 노력 필요하며 기술적·경제적으로 어려움이 있음
3 수준	• 일부 제품에 적용되고 있으나 사용하지 않을 수 있는 특허	• 현재 일부 제품에 적용	• 회피설계에 기술적·경제적으로 큰 어려움이 없음
4 수준	• 미래에 제품 적용 가능성이 있으나 사용하지 않을 수 있는 특허	• 현재 제품에 사용되고 있지 않으며 미래에 제품 적용 가능성이 있음	• 회피설계에 기술적·경제적으로 큰 어려움이 없음
5 수준	• 관련 분야 특허이나, 권리범위가 현재 또는 미래의 제품과 관련 없음	• 과거에도 사용된 적이 없으며 앞으로도 제품에 적용될 가능성이 없음 • 과거에 사용되었으나 더 이상 사용되지 않음	• 회피설계 용이성 여부 무관

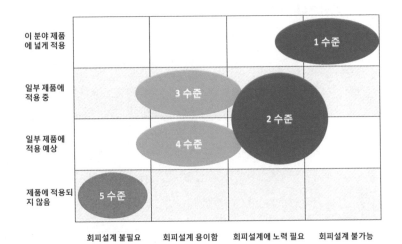

특허 포트폴리오의 규모, 비용
- 미국[32]

골드스타인(Larry M. Goldstein)은 특허 출원 규모를 결정하는 방식을 Top Down, Bottom Up, Competitive, Hybrid의 4가지로 설명하였으나 실제로는 기업의 경영 여건에 따라 Top Down으로 특허 확보 예산 규모가 결정되는 것이 대부분이다.

- Top Down - 특허 예산을 정하고 예산 한도에서 세부 계획을 수립하는 방식
- Bottom Up - 특허 관련 세부 추진 방안을 먼저 도출하고 이에 필요한 예산을 정하는 방식
- Competitive - 같은 산업 내 경쟁자의 특허 관련 투자 규모를 참조하여 예산을 결정하는 방식
- Hybrid - 위의 방식 중 2가지 이상을 혼합하여 특허 예산을 결정하는 방식

Top Down 방식의 단점은 '얼마가 적정한지'가 우선적으로 고려되지 않는다는 것이다. 경영 여건에 따라 결정한 특허예산이 과연 적정한 것

---

32 Larry M. Goldstein, 『Patent portfolios: Quality, Creation, and Cost』, True Value Press, 2015.

인지 의문이 들 수밖에 없다. 거친 방법이긴 하지만 산업의 평균값을 참조하고 개별적인 상황을 고려하여 예산의 적절성을 판단할 수 있다. 참좃값은 2012년 미국 전체 R&D 규모와 미국에서 만들어진 발명의 출원, 심사, 등록, 유지에 투입된 비용으로부터 계산되었다. 미국의 특허 비용은 R&D 투자의 1.16%이며 매출의 0.7%에 해당한다.

이 값은 2012년 미국의 경우에 한해 도출된 것이므로, 현재와 시간 차이가 크고 산업구조와 출원·등록비용이 다른 우리나라 기업에 일률적으로 적용될 수는 없다. 또한, 미국에서 발생한 발명의 미국 출원만을 고려하였으므로 글로벌 특허 확보를 위한 투자는 반영되지 않았다. 이 값은 그야말로 참조용이므로 각 기업은 기술·제품·산업의 특징, 경영목표 등을 고려하여 예산 비율을 조절할 필요가 있다.

일반적으로 기술이 차지하는 비중, 혁신 수준, 시장성장률이 높을수록, 초기 시장일수록 R&D 투자 대비 특허 투자 비율이 높아야 한다. 따라서 기술 중심 벤처기업이며 시장도 빠르게 성장하고 있는데 특허 예산이 R&D 예산의 1%보다 작으면 특허 예산 증액을 진지하게 고민해 보아야 한다.

총 특허 투자액 $5.203 billion 중 출원 시점에 사용된 금액은 출원 명세서 작성과 관납료를 합한 $3.697 billion으로 특허 투자액의 71%, R&D 투자의 0.8%에 해당한다.

2012년 미국의 R&D 투자 대비 특허 투자 비율 1.16%[33]

=($5.203 billion÷$447 billion)×100

- Total R&D investment in US in 2012, $447 billion
- Total investment in US origin patents in 2012, $5.203 billion(명세서 작성 비용+출원 관납료+O.A. 대응 비용+등록료+유지료)
    → Application fees $3.361 billion=268,782×($12,000 +$500)
        ✓ Attorney's fees $9,000~15,000 per application av. $12,000
        ✓ Draftsmen fees per application $500
        ✓ 268,782 US origin application
    → Filling fees $0.336 billion=268,782×$1,250
        ✓ per application $1,250
        ✓ 268,782 US origin application
    → Attorney's fees $0.696 billion=278,000×$2,500
        ✓ per office action $2,500
        ✓ 278,000 office actions in 2012
    → Issuance fees $0.212 billion=121,026×$1,750
        ✓ per patent $1,750
        ✓ 121,026 US origin patents granted
    → Maintenance fees total $0.599 billion

---

33 현재와 시점의 차이가 있으나 미국의 R&D 투자 대비 대략의 특허 투자 비율을 알 수 있다.

특허 포트폴리오의 규모, 비용
- 한국[34]

    과학기술정보통신부의 자료에 의하면 2017년 우리나라의 R&D 총 투자액은 78조 8천억 원[35]으로 세계 5위이다. 우리나라의 R&D 투자 대비 특허 투자액의 비율은 얼마일까?

    2017년 우리나라의 특허 확보에 투입되는 비용을 계산하기 위해 국가통계포털과 특허청의 지식재산통계연보의 통계자료를 사용하였다.[36] 미국의 분석과 마찬가지로 국내에서 발생한 발명에 대한 국내 출원에 대해 분석하였으며[37] 우리나라는 특허 비용이 R&D 투자의 0.66%로 계산되었다.

---

34 미국의 데이터와 약 5년의 차이가 있으나 상대적인 비교를 하기에 큰 무리가 없을 것이다.

35 민간의 R&D 투자가 60조 643억 원으로 전년보다 14.7%(7조 7천 184억 원), 정부·공공부문의 R&D 투자는 전년보다 8.1%(1조 3천 271억 원) 증가했다(연합뉴스, "한국 R&D 투자규모 세계 5위…GDP 대비로는 1위 수준", 2018.11.27).

36 KOSIS 국가통계포털(www.kosis.kr).

37 지식재산권 중 특허와 실용신안에 대한 내국인 자료를 사용하였으며, 내국인과 외국인 자료가 통합되어 있는 경우 총 출원 중 내국인 출원의 비율을 적용하여 계산했다.

> 2017년 특허 투자액은 R&D 투자액의 0.66%=(5,194억 원/78조 8천억 원)*100

- 2017년도 한국의 총 R&D 투자액, 78조8천억 원
- 2017년도 한국 출원인이 한국 특허에 투입한 총 특허 비용, 5,194천억 원
  - → 출원 명세서 비용 2,482억 원=165,480건×150만 원
    - ✓ 건당 명세서 작성 비용 150만 원
    - ✓ 출원건수 165,480건
  - → 출원수수료 76억 원=165,480건×46,000원
    - ✓ 관납료 46,000원(전자출원 기본료)
    - ✓ 출원건수 165,480건
  - → 심사청구료 416억 원=138,655건×300,000원[38]
    - ✓ 건당 심사청구료 30만 원
    - ✓ 심사청구건수 138,655건
  - → 의견제출 대응 618억 원=123,582건×50만 원
    - ✓ 의견제출 처리 당 비용 50만 원
    - ✓ 의견제출 발송 건수 123,582건[39]
  - → 등록 비용 1,447억 원=93,657건×154.5만 원
    - ✓ 건당 등록 관납료(연차료 포함) 45,000원
    - ✓ 건당 등록 성사금 150만 원
    - ✓ 등록건수 93,657건
  - → 특허유지료 155억 원=77,468건×20만 원
    - ✓ 존속 특허당 평균 유지료 20만 원
    - ✓ 2017년 존속 특허 77,468건[40]

---

38 2017년 내국인 심사청구건수 통계와 대략의 건당 심사청구비용을 적용하였다. 청구항 10개일 때 심사청구비용은 63만 원 정도이며 중견기업은 50%의 할인율, 소기업은 70%의 할인율이 적용된다.

39 2017년 우리나라 특허청의 총 의견제출 건수 158,013건에 내국인 출원비율 78.2%을 곱했다.

40 2017년 존속 특허(962,748건), 실용신안(27,899건)을 합한 990,680건에 내국인 출원비

우리나라의 R&D 투자 대비 자국 특허 투자 비율 0.66%는 미국의 1.16%에 비해 낮다. 그러나 자국 출원 투자액만으로 우리나라의 특허 투자가 미국의 절반 수준이라고 결론 내는 것은 성급하다. 우리나라는 국내 시장 규모에 비해 수출 비중이 커서 글로벌 특허 확보가 중요하고 한 건당 해외 출원 비용이 국내 출원 비용의 5~10배 수준이므로 이에 대한 고려가 필요하다.

다음의 표는 2017년 글로벌 출원 통계이다.[41] 우리나라가 미국 특허 확보에 투입하는 비용을 대략 계산해보았다. 2012년, 미국의 자국 출원 규모가 268,782건일 때 특허 투자 총액이 $5.203 billion이었으므로 우리나라의 미국 출원 35,080건에 해당하는 투자 금액을 시점의 차이를 고려하지 않고 단순 비례로 도출하면 $0.679 billion이다. 한화로 7,470억 원[42]이며 한국 특허 확보를 위한 투자액 4,778천억 원의 1.5배이다.

우리나라가 국내와 미국 특허에 투자하는 금액을 합하면 R&D 투자의 1.5% 수준이며, 유럽, 일본, 중국 등을 포함하면 ~2% 이상일 것으로 추정된다.

물론 미국도 국내 특허에 투자하는 금액 외에 주요국에 많은 투자를

　　율 78.2%를 곱했다.

41 특허청의 2017년 『지식재산통계연보』 중 '6-1. 국제통계'의 값이다.

42 환율 1$=1,100원을 적용했다.

하고 있으므로 특허에 투자하는 총비용은 대략 R&D 투자의 2% 정도
로 생각된다.

▶ **2017년 주요국 특허청에 출원된 국적별 특허건수**

2017년 출원 통계	국적(또는 거주국)					단위: 건	계
	한국	미국	중국	일본	유럽	기타	
한국특허청	159,095	13,438	3,015	15,043	11,690	2,494	204,775
미국특허청	35,080	303,522	28,880	85,180	93,853	60,441	606,956
중국특허청	13,180	36,980	1,245,708	40,908	36,824	7,994	1,381,594
일본특허청	4,735	23,949	4,172	260,290	20,559	4,774	318,479
유럽특허청	6,261	42,300	8,330	21,712	78,307	8,680	165,590
PCT 출원	15,763	56,624	48,882	48,208			243,500

특허 확보
활동

   세밀한 특허 포트폴리오 전략에 따라 특허를 출원하는 기업은 별로 없다. 대부분 기술 개발을 하면서 제안되는 발명 중 Top Down으로 결정된 예산범위에서 우수한 것을 골라 출원한다. 우수한 특허를 고르는 기준을 가지고 있어도 예산 부족으로 우수 발명이 출원 심의에서 탈락되기도 한다.

   이러한 특허 확보 활동은 '이삭줍기'에 비유되며 사전 전략의 부재로 우수한 특허 포트폴리오를 확보하기 어렵다. 몇몇 특허로 강력한 힘을 발휘해야 하는 혁신 벤처나 특허 라이센싱을 목표로 하는 특허전문기업의 경우 이러한 특허 확보 활동은 특히 부적합하다. 제안되는 것 중에서 골라야 한다는 것도 한계지만 우수한 것을 고르는 기준도 문제이다. 기술 개발, 사업 착수, 시장 성숙에 따라 기준이 달라져야 하지만 대부분 일반적인 우수특허 기준에 맞추어 선정한다.

   전문가들은 제품과 시장을 분석하고 사업전략에 맞춰 설계된 청사진에 따라 특허를 확보하는 '추수' 방식을 추천한다. 좋은 돌을 골라 아무데다 둑을 열심히 쌓는 것보다 어느 곳에 둑을 쌓는 것이 좋은지 면밀히 분석한 다음 그 지점에 돌을 골라 쌓는 것이 효과적임은 의심의 여지가 없다.

특허 확보 활동은 자체 개발뿐 아니라 특허매입 등 외부에서 확보하는 것도 적극적으로 검토해야 한다. 하나의 기업이 제품에 관한 모든 특허를 개발하기도 어렵고 개발부터 시작하여 등록된 특허를 확보하는 데 수년에서 10년 이상의 시간이 걸리기 때문이다.

이 책에서 집중하고자 하는 것은 '추수' 방식의 특허 확보 활동을 위해 필요한 밑그림을 도출하는 방법이다.

특허 포트폴리오
검토 방법

특허 포트폴리오를 분석, 비교, 평가하는 방법은 다양하다. 아래의 기준 각각에 대해, 혹은 2~3개의 기준을 동시에 고려하여 특허 포트폴리오의 수준, 균형, 경쟁력을 직관적으로 나타낼 수 있다.

- 기술별: 시스템을 구성하는 서브시스템, 요소 기술마다 확보된 특허건수를 분석하여 특허전략의 중점 기술과 보완할 기술을 파악할 수 있다.

- 연도별: 특허권은 등록 시점부터 출원일로부터 20년까지 인정되므로 특정 시기에 집중 출원하면 특허권의 공백이 발생하는 시점이 생긴다. 연도별 분석을 통해 포트폴리오의 'Time Balance'를 검토할 수 있다.

- R&D 투자·매출·이익 대비: 기술이 아닌 경제적 관점에서 특허 포트폴리오를 분석하는 것이다. 특허에 투입하는 예산의 적절성, 투자 확대 필요성 등을 파악할 수 있다.

- 국가별(시장): 글로벌 주요 시장별로 특허건수를 분석하여 기업의 중점 시장과 특허 포트폴리오의 'Geographic Balance'를 검토할 수 있다.

- 경쟁사 대비 또는 업계 평균 대비: 특허 포트폴리오의 총 특허건수 등 관심이 있는 항목을 경쟁자나 업계 평균과 비교하여 상대적인 경쟁력을 파악할 수 있다.

- 특허 수준별: 업계에서 사용할 수밖에 없어 가치가 높은 특허인지 그렇지 않은

특허인지를 구분하여 특허 포트폴리오가 적정 수준의 우수한 특허를 확보하고 있는지 'Quality Balance'를 검토할 수 있다.

단일 기준이 아니라 '연도 vs. 기술', '경쟁사 vs. 특허 수준' 등 복합적인 기준으로 특허 포트폴리오를 분석하면 보다 정확하게 포트폴리오의 현황을 파악하고 보완전략을 수립할 수 있다.

특허 포트폴리오
전략 설계 프로세스

특허 포트폴리오 전략에서 얻어야 할 결과는 특허 포트폴리오의 방향성, 자원투자 규모, 집중 기술 분야, 세부 특허 확보 전략이다. 이를 위해 아래의 프로세스를 제안한다.

특허 포트폴리오의 목표와 예산을 결정하기 위한 첫걸음은 경쟁 강도, 기술 특징, 시장성숙도 등 산업 특성을 파악하는 것이다. 구체적인 분석 항목은 요소 기술과 난이도, 장애 요인, 제품 특성(단일 기술 제품 or 융합 기술 제품), 제품의 발전 방향(기능 추가, 성능 개선 등)과 속도, 시장 성숙도, 시장 규모·성장률, 주요 기업과 시장점유율, 특허분쟁 정도, 주요국의 규제나 지원 현황 등이다. 제품을 둘러싼 환경을 객관적으로 검토함으로써 사업전략의 방향이 선명해지고 연구소와 특허전략 추진 부

서 간 공감대를 형성할 수 있다.

그다음 기업의 기술 수준, 경쟁 위치, 보유특허 등 내부 역량을 검토하고 산업특성 분석 결과와 통합하여 사업전략을 명확히 한다. 사업전략이 '시장독점·선도'라면 이에 맞는 특허 포트폴리오가 필요하며, 후발로 진입하여 시장점유율을 높이는 것이면 특허분쟁을 억제하고 피해를 최소화하는 특허 포트폴리오 전략이 필요하다. 특허전략은 반드시 사업전략과 지향점이 같아야 하며, 무조건 우수한 특허 포트폴리오를 확보하겠다는 목표는 공허하고 소모적이다.

이제 특허 환경을 분석한다. 세계 최초로 개발한 제품으로 시장을 독점·선도하려는 기업은 선행특허를 전반적으로 훑어보는 것이 특허 포트폴리오 전략 수립에 필수적이다. 그래야만 공개된 기술의 범위를 파악하고 회피설계가 어려운 특허 포트폴리오를 구축하는 것이 가능한지, 어느 정도의 예산이 필요한지 추측해 볼 수 있다. 한편, 경쟁이 치열한 환경에서 특허분쟁에 의한 피해를 최소화하려는 기업은 핵심 경쟁자의 특허 포트폴리오를 잘 분석해야 상대적 우위 또는 균형을 맞추는 세부 방안을 찾을 수 있다.

특허 환경 분석은 경쟁 환경과 상대적인 비교우위 등을 파악할 수 있어야 하며, 이는 세부 기술별, 연도별, 지역별, 특허등급별 분포 비교 등 그 항목이 다양하다. 합리적으로 특허 포트폴리오에 투입할 예산 규모를 추정하는 데에는 경영지표(R&D 예산, 순이익, 매출)와 특허 포트폴리오를 연관한 분석이 유용하다. 매출이 10배인 기업과 동등한 특허 포트폴리오를 구축하겠다는 것보다 기업의 경영 규모를 반영하여 합리적인 결정을 내릴 수 있게 된다. 그러나 실제로는 여러 제품을 생산하는 기업에서 해당 기술 또는 제품에 대한 경영지표를 분리하여 얻기 어려운 경우가 많으므로 특허의 출원건수, 등록특허 수 등 특허의 양적 지표만을 분석할 수밖에 없는 경우도 많다.

방향과 예산이 정해지면 해당 특허 포트폴리오의 '코어'를 정의하고 이에 관한 특허를 설계한다. 특허의 등급을 구분했을 때 1수준, 2수준에 속하는 특허들을 개발할 전략을 세우는 것이다. 특허 포트폴리오를 구성하는 특허들이 아무리 많아도 '이 분야 제품에 널리 사용될 수밖에 없는 특허' 또는 '일부 제품에 사용될 수밖에 없는 특허'가 없다면 특허 포트폴리오가 제대로 역할을 하기 어렵다. 특허 포트폴리오의 대부분의 가치는 '코어'에서 나온다.

특허 포트폴리오 코어설계 방법은 사업 목적에 따라 다르다. 예를 들어, 시장을 선도하려면 상용화에 필수적인 성능·기능·스펙을 잘 찾아야 한다. 특허분쟁 억제나 이로 인한 피해최소화를 지향하는 기업은 경쟁기업을 공격할 포인트를 발굴해야 한다. 발굴한 코어 콘셉트에 대해 특허 장벽을 설계하고, 경쟁자 입장이 되어 회피설계할 여지를 치열하게 찾아본다. 틈새를 찾아 침투하려는 자는 벽을 쌓는 자보다 빈틈을 잘 찾을 수 있다. 경쟁자의 눈으로 찾은 약점을 보완하여 튼튼한 특허 포트폴리오의 코어를 설계한다.

마지막으로 특허 포트폴리오를 강화한다. 코어 주변의 주요 기능, 개량 방안 등에 관한 발명을 찾아내고 출원 전략을 수립한다. 개개의 특허는 특허 포트폴리오의 코어에 해당하지 않지만 여러 건이 뭉쳐서 군을 형성하면 힘을 발휘할 수 있는 특허들이 있다. 경쟁사의 입장에서 보면 개별 특허는 쉽게 회피할 수 있지만 이것이 수십~수백 건이 있으면 모두 대응하는 것이 거의 불가능해진다.

시간, 지역 관점에서도 특허 포트폴리오를 보강한다. 우수한 특허 포트폴리오는 특정 시점에 집중 출원하고 출원이 중단되어 시기적인 권리 공백이 발생하면 안 된다. 또한, 지역적 균형도 중요하다. 시장 중요도에 따라 글로벌 특허 출원 우선순위를 정하고 권리확보를 추진해야 한다.

3장

특허 포트폴리오 전략의
목적과 예산

- 특허 포트폴리오 설계의 첫 단계
- 산업 특성(외부 환경) 분석
- 기업의 내부 역량 분석 & 특허 포트폴리오의 목적 결정
- 경쟁자의 특허 지표 분석 & 특허 포트폴리오 투입 예산 도출
- 전략 방향 결정
    공격적 전략 - 시장독점
    방어적 전략 - 특허분쟁 억제 & 피해최소화

특허 포트폴리오 전략 수립 첫 단계는
목적과 투입 예산을 정하는 것이다.

특허 포트폴리오의 목적은
사업독점, 특허분쟁 억제 또는 피해최소화 등으로
구분할 수 있으며 이에 따라 확보해야 할
특허의 내용이 달라져야 한다.
특허 포트폴리오의 목적이 모호하거나 잘못되면
특허 포트폴리오가 무용지물이 되므로
해당 산업의 환경과 기업의 역량 분석을 바탕으로
사업 목표에 맞게 특허 포트폴리오의 목적이
제시되어야 한다.

특허 포트폴리오 예산은
'목적 달성'과 '기업의 경영 상황' 사이의
균형을 고려하여 전략적으로 결정해야 한다.

특허 포트폴리오 설계의
첫 단계

특허 포트폴리오 전략은 특허 확보 건수 계획을 의미하는 것이 아니다. 비즈니스에 도움이 되는 최적의 특허 집합을 확보하는 것이 목적이므로 타깃 비즈니스에서 중요한 것이 무엇인지 알아야 하며 특허 포트폴리오의 세부 항목을 제대로 만들어야 한다.

이 장은 특허 포트폴리오를 구축하는 첫 단계로서 대상 제품·기술과 기관의 상황을 객관적으로 판단하고 특허 포트폴리오 전략의 지향점과 규모 즉 '특허 포트폴리오의 목적과 예산'을 정하는 것이다.

다음의 그림에 나타낸 것과 같이 특허 포트폴리오의 목적과 예산을 정하려면 산업 특징, 기업의 역량, 경쟁자의 특허 지표 분석이 필요하다.

• 산업 특징 분석: 경쟁 환경과 강도, 기술의 속성 등을 파악

• 기업 역량 분석: 기업의 강약점, 기술 수준, 핵심역량 등 검토

• 경쟁자의 특허 지표분석: 주요 기업들의 출원 규모, 등록 특허 수, 연도별, 지역적 출원 분배 등(매출, 순익, 연구비 투자 등 경영지표와 비교하면 더 좋음)

▶ 선도 개발 제품(Dyson V10 앱솔루트 플러스)과 모방품(Debea D18) 비교

이러한 분석으로부터 특허 포트폴리오의 목적을 설정한다. 환경과 기업의 역량에 따라 '시장독점·선도', '특허분쟁 억제와 피해최소화', '라이센스 수익 극대화', '자본 유치', '후발 기업 진입 억제', '기술이전' 등 특허 포트폴리오의 목적이 달라진다. 대상 기술·제품의 범위, 견제해야 할 특허권자, 집중해야 할 기술, 경쟁자들의 특허 투자 규모 등이 파악되면 특허 포트폴리오의 방향성이 더욱 선명해질 것이다.

특허 포트폴리오의 목적은 코어 특허 설계에, 예산은 특허 포트폴리오의 강화 단계에 특히 중요하다. 코어 특허는 특허 포트폴리오의 목적에 정확히 조준되어야 하며 코어를 확보한 후 주변 기술 강화, 지역적

균형, 시간적 균형 등을 설계할 때 금전적인 제약이 발생하므로 특허 포트폴리오의 예산이 중요하다.

특허 포트폴리오의 목적과 예산 도출을 위한 분석 내용은 다음과 같다.

산업 특성(외부 환경) 분석

남을 알고 나를 알아야 합리적이고 도전적인 특허 포트폴리오 전략의 목적을 정할 수 있다. 산업 특성 분석은 내가 속한 주변을 살펴서 목적에 영향을 미치는 요인인 기술·제품의 특성, 경쟁자, 시장 특성, 경쟁 강도 등을 검토하는 것이다. 기술·제품의 특성에 따라 시장독점이 용이할 수도 어려울 수도 있으며, 경쟁이 치열할수록 강도 높은 특허 포트폴리오 전략이 요구된다.

산업 특성 분석에서 검토하고 결정할 사항은 다음과 같다.

대상 정의
• 특허 포트폴리오를 구축하고자 하는 기술·제품은 무엇인가?

당연히 개발 기술과 제품이 특허 포트폴리오 전략의 대상이다. 그러나 때로는 그 기술 자체에 집중하는 것뿐 아니라 유망 응용 제품에 적용하기 위한 기술까지 확장하여 특허 포트폴리오를 설계하는 것이 바람직할 때도 있다. 다만, 개발한 기술에 비해 너무 넓은 범위를 대상으로 하면 불필요하게 많은 것을 고려해야 하고 과정이 복잡해지나 실효

성 있는 전략을 수립하기 어렵다.

기술·제품 특성(1): 구성 기술

- 대상 기술·제품은 단일 기술 제품인가? 융합 기술 제품인가?
- 대상 기술·제품의 '핵심 기능 또는 고객에 제공하는 핵심 가치'는 무엇인가?
- 기술 개발 난이도가 높은가?

기술을 개발하였을 때 그 기술을 온전히 독점하는 것이 가능할수록 기술의 전유성이 높다고 한다.[43] 대체로 단일 기술 제품이 전유성이 높으며 강력한 소수의 특허로 독점권을 보호하는 것이 가능하다. 대표적인 것이 신약, OLED 소재 등이다. 신약 개발 기업은 특허로 후발 업체의 시장진입을 효율적으로 차단하고 특허 기간 동안 기술을 독점하여 막대한 수입을 올릴 수 있다.

반면 휴대전화, 의료기기 등 여러 기술이 융합된 제품들은 많은 회사가 시장을 나눠 가지고 있으며 후발 업체의 시장 진입도 비교적 용이하다. 제품을 구현하는 데 필요한 핵심 기술이 여러 가지이므로 한 회사가 모든 기술에 대해 경쟁우위에 있기 어렵고 중요한 특허권도 나눠 가질 수밖에 없는 경우가 대부분이다. 특허의 힘으로 이러한 제품 시장을 독점하려면 다각도로 기술을 보호하는 상당 규모의 특허 포트폴리오

---

[43] 기술을 독점하는 방법은 특허 외에도 노하우로 보호하거나 규모의 경제로 진입장벽을 만드는 방법 등이 있다.

가 필요하며, 그렇다고 해도 기술을 독점하지 못할 가능성이 크다.

　융합 기술 제품일수록 현실적인 특허 포트폴리오 전략의 목표에 대
해 고민해 보아야 하며 제품을 구성하는 여러 기술 중 제품의 핵심 가
치에 집중해야 한다. 예를 들어, 폴더블 디스플레이를 장착한 휴대전화
는 복잡한 융합 기술 제품이다. 많은 소재, 통신, 부품, 제조 기술이 합
쳐져서 하나의 제품을 이룬다. 이 제품이 폴더블 디스플레이를 장착하
지 않은 제품과 차별화하여 고객에 제공하는 가치는 사용할 때 넓어지
는 화면이다. 폴더블 디스플레이를 구동하는 부품, 장치들도 많겠으나
접고 펌을 반복해도 내구성이 유지되는 디스플레이 기술에 핵심 가치
가 있으므로 이에 관한 특허 확보에 가장 공을 들여야 한다.

기술·제품 특성(2): 제품의 개선 속도, 대체품

- 대상 기술·제품의 최초 개발, 시장 판매 시점은 언제인가?
- 대상 기술·제품의 최초 개발, 시장 판매는 누가 했나?
- 최초 개발·판매 시점 이후, 제품의 기능, 성능, 편리성 등이 활발하게 개량되고 있나?
- 대상 기술·제품의 대체품은 존재하는가? 존재한다면, 대체품의 성능·기능이 대상
  기술·제품에 비해 어떠한가?

　제품의 기능, 성능, 편리성 등이 고객이 원하는 수준에 근접하여 개선
요구가 미약하면 제품이 개선되는 속도가 느리고 앞으로 강력한 특허
가 만들어질 가능성이 낮다. 추가적인 기술 개발이 고객의 만족도를 크
게 높일 수 없으므로 특허 포트폴리오에 많은 자원을 투입해도 시장에
서 강력한 효력을 발휘하는 특허를 얻기 어렵다. 이때 제품의 개선 방

향은 대개 경제성 개선이므로 특허 포트폴리오도 이러한 기술에 비중을 두어야 한다.

그러나 선도 기업들은 이미 강력한 특허를 가지고 있을 가능성이 있으므로 특허 환경 분석에서 문제특허에 대한 검토가 필요하다. 만약 특허분쟁의 위협이 있는 특허권이 발견되면 피해를 최소화하는 것이 특허 포트폴리오의 목표가 될 것이며, 위험한 특허가 없다면 특허 포트폴리오 전략을 가볍게 가져가는 것이 타당하다.

반대로 제품의 기능, 성능, 편리성이 개선되는 속도가 빠를수록 기술의 변곡점에서 새롭게 변화하는 부분에 대한 중요한 특허가 만들어질 수 있다. 그러나 개선 속도가 빠르면 특허 효력 기간도 짧아지므로 특허 포트폴리오 설계에 반영해야 한다. 또한, 대상 제품의 대체품이 존재하며 장점이 확실하거나 성능 개선 속도가 빠르면 시장의 중심이 대체품으로 옮겨 갈 수 있다.

시장 특성: 시장(기술)성숙도, 시장 규모, 시장성장률
• 시장 발전 단계는 도입, 성장, 성숙, 쇠퇴 중 어디에 해당하는가?
• 시장의 규모는 어느 정도인가?
• 빠르게 성장하는 시장인가?

시장 발전 단계의 도입기나 성장기 초기에 대부분의 제품에 적용되는 가치가 높은 특허가 만들어질 가능성이 높다. 그러나 시장 전망을 예측

하기 어려우므로 특허 포트폴리오에 과감한 예산을 투입하기 어렵기도 하다. 그러므로 사업화에 열쇠가 되는 기술을 찾아 몇몇 고가치 특허를 만드는 전략이 적합하다.

시장이 성숙될수록 성능을 개선하고, 경제성을 높이는 등 점진적 혁신 기술에 대한 특허의 비중이 높아지며 경쟁기업보다 우위를 확보하는 것이 특허 포트폴리오의 목표가 된다.

시장의 규모가 크고 빠르게 성장하는 시장일수록 특허분쟁의 이익과 손해가 크므로 대체로 특허 포트폴리오에 더 많은 예산 투입이 필요하다.

경쟁자와 경쟁 강도

- 새롭게 시장에 참여하려는 기업이 많은가? 신규 진입 기업 중 성장세가 높은 곳은?
- 신규 진입자의 진입장벽은 무엇(소재, 제조, 유통, 규제…)이며, 진입장벽이 높은가?
- 주요 플레이어, 경쟁자는 누구인가?
- 상위 기업 순위에 변동이 있나? 상승 기업과 하락 기업은 어디인가?
- 주요 기업 TOP 3, TOP 5, TOP 10의 시장점유율은 어느 정도인가?

경쟁 정도와 경쟁이 심화되는 추세인지 판단한다. 시장 규모가 크고 빠르게 성장해도 경쟁 강도가 낮으면 시장독점을 위한 노력과 후발 기업 견제의 중요성이 줄어든다. 신규 진입자, 상위 기업의 몰락 등 경쟁 상황을 변화시키는 요인을 파악하여 특허 포트폴리오 전략에 반영한다.

강력한 특허를 다수 보유한 기업이 사업을 포기하는 상황이 되면 긴

장해야 한다. 가지고 있는 특허를 활용해야 할 명분이 강해지며 상대방으로부터 침해 소송을 당할 위험도 없어지므로[44] 특허소송으로 경제적 이익을 취하려 할 가능성이 높아지기 때문이다. 한편, 강력한 신규 진입자가 등장하면 선도 기업은 이를 견제하는 것이 중요한 전략 포인트가 되어야 한다.

시장정보로부터 매출 상위 기업의 시장점유율을 분석하여 독점, 과점, 무한경쟁 등 경쟁 형태를 파악할 수 있다. 예를 들어 시력교정용 소프트 콘택트렌즈는 4개의 글로벌 기업이 시장의 80% 이상을 점유하는 시장이며 새로운 물질의 인허가에 많은 노력이 필요하다. 선도 기업과 같거나 유사한 물질이어야 인허가가 용이하나 이러한 물질은 선도 기업의 특허권에 속할 위험이 크다. 따라서 후발 기업들은 특허분쟁의 피해를 최소화하는 것을 특허 포트폴리오의 중요한 목표로 삼아야 한다.

연구개발이 완성되지 않은 차세대 제품은 아직 매출 등 시장정보가 없다는 문제가 있다. 이때는 차세대 제품과 유사 기술·유사 시제품의 시장이나 차세대 제품의 연구개발 현황을 분석하여 예상되는 주요 경쟁자와 경쟁 강도를 파악할 수 있다.

예를 들어 전고체전지는 리튬이온이차전지와 활물질, 전해액, 외장,

---

44 사업을 포기하여 제품생산을 중단했으므로 타사의 특허를 침해할 수 없다. 오로지 공격할 특허만을 가지고 있는 셈이다.

회로 등의 기술을 공유하고 고객도 유사하여 리튬이온전지 시장의 주요 플레이어가 차세대 전지 시장에서도 그 지위를 유지할 가능성이 높다. 또한 전고체전지와 같이 기술 난이도가 높은 제품은 특허분석으로 주요 플레이어를 효과적으로 파악할 수 있다. 다음 그림[45]은 주요 5개국(한국, 일본, 미국, 중국, 유럽)에 모두 출원된 특허의 출원인 순위이며 기술력 순위와 일맥상통한다.

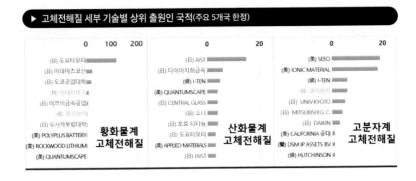

▶ 고체전해질 세부 기술별 상위 출원인 국적(주요 5개국 한정)

특허분쟁

- 특허분쟁은 최근 5년간 언제 어디서 얼마나 발생했으며 피고와 원고는 누구인가? 증가추세인가?
- 특허분쟁의 분쟁대상 기술, 관련 특허, 특허권자는 누구인가?

특허분쟁이 치열한 시장은 플레이어의 시장 지위에 상관없이 강력한 특허 포트폴리오가 필요하다. 후발 기업은 분쟁 억제와 피해최소화가 절

---

45 『특허 빅데이터 기반의 차세대전지 산업 경쟁력 강화 방안』, 특허청 산업재산정책국, 2019.

실하고, 선도 기업은 특허 공격으로 직간접적 이익 추구에 적극적이다.

후발 기업은 막연히 많은 특허를 확보하는 것이 아니라 위험한 특허 권자와 위험을 가져올 특허를 정확히 파악하고 맞춤 대비를 해야 한다. 위험한 특허권자가 관심을 가질 만한 개량특허로 손실을 최소화하는 전략이 필요하다. 그러나 특허분쟁이 거의 없는 시장이라면 특허 출원을 많이 하는 것이 자원의 낭비일 수 있으므로 과도한 자원을 투입할 필요가 없다.

산업 특성 분석에서 얻어야 할 것은 제품을 둘러싼 외부 환경에 대한 객관적이고 전략적인 판단이다. 특허 포트폴리오를 강화해야 하는 요인, 경쟁관계와 강도, 특허를 통해 독점을 실현할 수 있는 가능성 등을 파악하고 다음 단계로 넘어가자.

강력한 특허 포트폴리오가 필요한 상황
- 특허분쟁 많을수록
- 시장 규모 크고 성장률 높을수록
- 경쟁자가 강력할수록
- 기술의 변곡점(새로운 기술요소 도입·경쟁 룰 변경)

가벼운 특허 포트폴리오가 적합한 경우
- 특허분쟁이 없을수록
- 제품의 성능 개선에 대한 시장 니즈가 별로 없는 경우
- 기술이 쉽거나 성숙되었거나 기술의 중요도가 낮은 경우

시장독점 전략이 적합한 경우

- 시장초기일수록
- 단일 기술일수록
- 핵심 기술의 난이도가 높을수록
- 선도 기업이며 역량이 우수할수록

피해최소화 전략이 적합한 경우

- 특허분쟁이 많을수록
- 강력한 선도 기업이 있는 시장의 후발 기업

기업의 내부 역량 분석 &
특허 포트폴리오의 목적 결정

특허 포트폴리오 전략 설계에서 가장 중요한 것은 '사업전략과의 정합성'이다. 물론 객관적이고 철저한 분석과 치밀한 특허 권리설계도 중요하지만, 특허 포트폴리오 자체만으로 이것이 훌륭한지 아닌지 얘기할 수 없다. 특허 포트폴리오가 의미가 있으려면 반드시 사업목표를 실현하는데 도움이 되어야 하며 사업을 추진하는 전략과 발을 맞추어야 한다.

기업의 사업전략은 외부 환경(산업 특성)과 기업 내부 역량, 그리고 기업의 비전이 결정한다. 특허 포트폴리오 전략은 사업전략을 실현하는데 필요한 특허들을 확보하고 활용하는 전략이므로 사업전략이 명확하면 특허 포트폴리오 전략의 방향은 어렵지 않게 도출할 수 있다.

외부 환경과 내부 역량이 이미 충분히 분석되었으며 사업전략도 명확하면 바로 특허 포트폴리오의 목적을 선언할 수 있다. 그러나 기술의 특성, 특허분쟁 현황 등 특허 포트폴리오 전략 수립 관점에서 중요한 사항은 한 번쯤 숙고해 볼 필요가 있다.

외부 환경은 앞서 살펴보았으므로, 기업의 내부를 살펴보자.

- 제품 구성 요소 중 독자적으로 개발했거나 개발하려고 하는 부분은?
- 독자적으로 개발한 부분이 제품의 경쟁력 향상에 결정적인가?
- 상기 부분이 경쟁자들에 비해 차별화되었는가?
- 상기 부분이 경쟁자들에 비해 가격, 성능, 품질 등의 측면에서 우수한가?

독자적인 아이디어와 기술로 제품을 개발했으며 그것이 제품의 경쟁력에 중요한 역할을 하는 경우, 후발 기업의 모방을 차단할 수 있는 빈틈없는 특허 포트폴리오 구축이 중요하다. 특허로 보호하고자 하는 기술, 차별화 포인트를 명확히 정의하고 이에 관한 특허 확보를 최우선 순위로 둔다. 그러나 독자적으로 개발한 부분이 제품 경쟁력에 별다른 도움이 되지 않고 다른 대안이 용이하면 이에 관한 특허의 가치는 높지 않다.

- 제품 설계·개발에 벤치마킹한 경쟁사의 제품이나 기술은 무엇인가?
- 모방한 부분이 제품 경쟁력에 중요한 역할을 하는가?

특히 융합제품은 모든 부분을 독자적인 기술로 개발하기 어렵다. 모방한 부분은 특허분쟁의 위험이 있으므로 이에 대해 특허분쟁의 위험을 검토해야 한다. 모방한 기술이 중요할수록 위험이 커지며, 특허 포트폴리오 전략의 중심을 특허분쟁으로 인한 피해 방지 또는 최소화로 삼아야 한다.

유사 기술·제품
• 당사 제품과 유사한 제품은 있나?
• 그 제품은 어느 기업의 어떤 제품이며 어느 정도 유사한가?

모방하지 않고 개발했어도 시장에 유사한 제품이나 기술이 있는 경우가 있다. 시장의 니즈를 공통적으로 인지하고 있으며 활용할 수 있는 기술도 유사하기 때문이다. 유사기술·제품을 가진 기업의 특허들을 검토하고 위험 요인이 있다면 이 특허권자에 의한 피해를 최소화하는 특허 포트폴리오가 요구된다.[46]

시장위치
• 현재 또는 가까운 미래에 시장에서 나의 위치는?
- 리더
- 도전자
- 추격자
- 틈새 공략자
• 기술, 시장, 경쟁자, 기업의 역량을 고려할 때 이 제품의 시장선도가 가능한가?

시장위치도 특허 포트폴리오 전략의 방향성 결정에 중요하다. 리더는 시장지배를 유지·강화, 추격자는 리더의 특허공격을 억제, 틈새 공략자는 틈새시장의 지배권을 확보하는 특허 포트폴리오 전략이 필요하

---

46 이미 보유하고 있는 특허들 중, 위험 특허권자를 공격할 수 있는 특허가 있다면 위험 특허권자로부터의 특허분쟁이 억제될 수 있다.

다. 그러나 현재의 시장 위치가 같아도 기업의 비전과 핵심역량에 따라 전략이 달라질 수 있다. 추격자이지만 핵심 기술을 개발하여 리더가 되고자 하는 기업은 리더의 전략을 추구해야 할 것이다.

잠재적 위험 요인
• 이 제품의 급격한 매출 증가가 예상되는가? 이때 가장 타격을 받을 기업은 누구인가?

강력한 특허를 가지고 있으며, 누군가가 그 특허를 침해하고 있어도 항상 특허소송을 제기하지는 않는다. 특허분쟁은 번거로운 절차와 소송 비용 등을 상쇄하고 남을 이익이 확실해야 발생한다. 따라서 나보다 매출이 상당히 작은 기업의 침해는 눈감아 주는 경우가 많다. 그러나 매출이 증가해서 특허권을 가진 기업의 매출을 위협하는 수준이 되면 상황이 달라진다. 나의 사업이 번창하게 되면 타격을 받을 기업과 이들의 특허 위험에 대한 파악이 필요하다.

경영 여건
• 현재 이 제품 특허에 어느 정도 예산을 투입하고 있나?(매출 대비 % 비율 등) • 특허 예산을 증액할 수 있나? 있다면 어느 정도 가능한가?

출원, 심사, 등록, 특허권 유지에는 계속 돈이 든다. 해외 특허는 국내 특허에 비해 몇 배 더 큰 비용이 소요된다. 제품을 특허로 보호할 필요성을 알고 있어도 경영 여건상 예산을 축소해야 하는 경우도 많다. 필요성과 가능범위를 조율하여 예산을 정할 수밖에 없다.

특허 포트폴리오의 목적과 예산에 영향을 주는 많은 요소를 살펴보았다. 그 외에도 규제, 정부의 지원, 환율, 유가, 글로벌 정세 등 경쟁관계에 중요한 영향을 미치는 요인들이 고려되어야 한다.

제품마다 기술, 시장, 경쟁자에 관한 외부 환경이 매우 다르며 기업마다 내부 역량도 다양하다. 외부 환경과 역량이 유사해도 비전을 다르게 가지면 전략이 달라지기도 할 것이다. 사업전략과 특허 포트폴리오 전략의 목표에 정답은 없지만 환경과 역량에 비추어 볼 때 'So what?', 'Why so?'가 분명해야 한다.

경쟁자의 특허 지표 분석 &
특허 포트폴리오 투입 예산 도출

기업이 투입할 특허 포트폴리오 예산을 1차 도출해 보는 것이 이 단계의 목표이다. 앞서 2장에서 설명한 바와 같이 특허 예산을 결정하는 방법은 여러 가지가 제안되고 있으나[47] 실제로는 기업의 경영 여건에 따라 Top Down으로 결정되는 것이 대부분이다. 이 방법도 틀리다고 할 수는 없으나 목적을 달성하는 데 어느 정도 예산이 적합한 것인지 살펴볼 필요가 있다.

예산을 마음대로 쓸 수 있더라도 특허가 많을수록 좋은 것은 아니다. 특허를 출원하는 노력이 소모되는 데 비해 활용할 데가 없으면 그냥 상장처럼 뿌듯한 마음으로 가지고 있는 것뿐이다. 필요한 정도만 출원하는 것이 가장 좋은데 필요한 정도가 어느 정도인지 알기 어렵고 모든 기업이 예산의 압박을 받으므로 필요한 정도와 예산을 절충해야 한다.

경쟁자의 특허지표 분석은 경쟁자들의 특허 포트폴리오 규모가 어느 정도인가를 분석하는 것이며 이 값을 기준으로 특허 포트폴리오 예

---

47 Top Down, Bottom Up, Competitive, Hybrid 4가지이다.

산을 정해 보자는 것이다. 이것이 경쟁 기업을 상대적 기준으로 삼는 Competitive 방법이다.

경쟁자는 시장에서 비슷한 위치일 수도 있고 매출·순익 규모가 차이 나는 선도 기업이거나 후발 기업일 수도 있으므로 매출, 순익, R&D 예산 등의 경영지표 차이를 감안하여 검토하면 더욱 좋을 것이다. 그러나 대상 제품에 관한 것만 추출하여 알기 어려운 경우도 많고 기업규모가 크게 차이 나는 기업은 경쟁 대상으로 적합하지 않은 경우도 많으므로 특허 지표만을 분석하는 것도 의미가 있다.

이 방식은 경쟁관계가 형성된 것을 전제로 하므로 경쟁관계가 성립되기 전의 최초 개발제품은 이러한 방법이 맞지 않는다. 최초 개발 제품은 빈틈없는 특허 포트폴리오를 구축하여 시장을 독점하는 것이 목표이므로 경쟁 기업보다는 제품과 기술 자체에 집중하여 장벽을 설계하는 데 필요한 예산을 정하는 Bottom Up 방식이 적합하다.[48]

경쟁자의 특허지표를 분석하기 위해 가장 먼저 할 일은 적합한 대상 기업의 선정이다. 위협이 되는 기업, 따라잡고자 하는 기업, 업계 대표 기업 등을 3~10개 고른다.

리튬이온이차전지에서 세계적 기업이 되고 싶은 중견기업의 분석 대

---

48 Bottom Up 방법은 필요한 특허들을 먼저 도출하고 이를 위한 예산을 배정하는 것이다.

상은 이 분야에서 글로벌 TOP 10에 속하는 LG화학, 삼성SDI, ATL, BYD, PANASONIC 등이 적합할 것이다. 글로벌 선도 기업들이 R&D 대비 2%를 특허 포트폴리오 구축에 투입한다면, 특허 기반이 약한 후 발 기업은 이들과 동등하거나 더 많은 비율을 특허 포트폴리오 예산으로 하는 것이 타당하다.

▶ 전자파 차폐 필름 분야 대표 기업의 2010년 이후 한국에 출원된 특허 건수

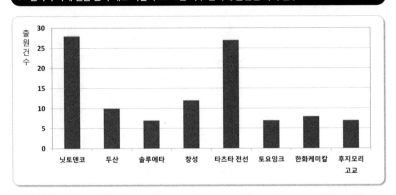

▶ 전자파 차폐 필름 분야 대표 기업의 연도별 한국 출원 동향

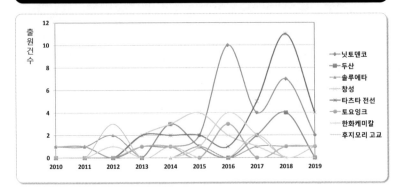

위는 전자파 차폐 필름 제조기업의 경우이다. 이 기업은 한국 시장에

기존의 금속 전자파 차폐 필름을 대체하는 유무기 복합 전자파 차폐필름을 판매하고자 하며 경쟁자는 일본과 우리나라의 기업들이 대표적이다. 한국에 출원된 경쟁자들의 특허를 조사한 결과 7건에서 33건 정도 보유하고 있으며 2018년 10건 이상 출원한 기업도 보인다.

수년 내에 업계 선도를 목표로 하는 기업은 시장 진출 시점에 적어도 리딩 기업들과 유사한 규모의 특허 포트폴리오를 목표로 하는 것이 바람직하다.[49]

특허지표와 경영지표를 함께 고려하면 좀 더 합리적인 판단을 할 수 있다. 특허분쟁의 피해보상액은 매출액이나 추정 손실액에 비례하며, 작은 기업이 대기업만큼의 특허를 확보하는 것은 바람직하지 않기 때문이다. 따라서 목표 매출을 감안하여 특허 확보 목표 건수를 정할 필요가 있다.

특허지표와 경영지표 이외에도 선도 기업들의 특허의 강도, 특허분쟁 빈도, 시장 현황 등이 특허 포트폴리오의 규모를 결정하는 데 변수로 작용한다. 치열한 특허분쟁이 예상되고 성장률이 높은 시장일수록 더 많은 특허가 필요하다.

---

49 특허건수의 양적 비교로만 경쟁사와의 특허 경쟁력의 우위를 비교할 수는 없지만 목표 수립에 1차 참고자료로 유용하다.

전략 방향
결정

내부·외부 환경 분석 결과 도출되는 특허 포트폴리오의 목적은 기술 우위를 바탕으로 '시장을 독점'하려는 것과 위험한 특허권자들이 존재하는 시장에서 '특허분쟁의 억제·피해최소화'가 대표적이다. 전자를 공격적인 전략, 후자를 방어적인 전략이라고 할 수 있으며 그 외 기술력을 과시하여 투자·지원을 받거나 기술이전을 하는 목적도 있다.

2가지 중 하나만 해당하는 경우도 있지만 현재 시장에서는 방어적 전략, 미래 시장에서는 공격적 전략, A모델은 공격적 전략, B모델은 방어적 전략 등 복합적인 전략이 요구되기도 하므로 대상마다 판단한다.

공격적 전략 - 시장독점

다음 3가지 질문에 대한 답이 'YES'면 공격적 전략이 필요하다고 할 수 있으며 아래 표에 상황을 구분하여 정리하였다.

① (제품 특징) 특허전략으로 시장독점이 가능한 산업·제품인가?

② (나의 기술) 개발 기술이 제품의 경쟁력에 결정적인가?

③ (선행 기술) 중요부의 개념 등이 공지된 적이 없는가?

▶ **최초 개발자의 독점적 지위를 위한 공격적 전략 관점(경쟁장의 시장 진입 차단)**

전략 방향	상황 - 외부 환경	상황 - 내부 환경	전략 포인트
제품 시장 진입 전면 차단	• 기술이 중요한 제품 • 단일 기술 제품이거나 개발 기술의 기여가 절대적 • 제품 개량 속도가 너무 빠르지 않음 • 선행 특허가 없음	• 제품 세계 최소 개발 (핵심 요소 기술 선도 개발 중) • 제품 구성 기술 전부를 최초 개발했거나 핵심부 최초 개발	• 제품경쟁력에 중요하고 모방 차단이 가능한 기술 요소들을 도출하고 장벽 설계 • 중요 개량 기술에 대한 특허 설계(후발 기업이 확보하여 크로스 라이선스 제안하지 못하도록)
특정 기술 적용 제품 시장 진입 차단	• 여러 기업에서 제품을 이미 개발 또는 판매 중	• 제품의 진보에 기여하는 일부 중요 기술을 세계 최초 개발	• 대상 기술의 모방을 차단하는 장벽 설계
특허로 시장 진입 차단 불가능	• 융합 기술이며 특허권이 상호 얽혀 있음 • 기술 발전 속도 빠름 • 기술보다 디자인, 편리성 등의 요인이 중요	• 차별화된 기술을 개발하지 못함 • 개발한 기술이 경쟁력에 별 영향이 없음	• -

제품을 구성하는 중요 기술이 여러 부분인 융복합제품은 경쟁 기업 간에 특허권이 이리저리 얽혀 한 기업이 독점을 주장할 만큼 큰 권리를 확보하기 어렵다. 또한 기술발전 속도가 빨라 기술의 수명이 짧아도 특허권이 큰 힘을 발휘하기 어렵다.

특허전략으로 시장독점 가능성이 있는 제품이라는 전제하에 내가 개발한 부분이 제품 전체이거나 성능, 가격 등에 큰 영향을 미치는 중요 기술이며 대체하기 어려워야 한다. 그렇지 않다면 경쟁자는 더 중요한 기술에 대한 특허권을 확보하여 협상하거나 다른 기술로 대체하여 시장에 진입할 수 있다.

특허 출원 시점에 공지된 기술 수준도 중요하다. 내가 독자적으로 최초 개발했어도 세계 어느 곳에서 중요한 개념이나 기초 기술이 공개된 경우가 많다. 중요부가 특허 등 선행문헌에 이미 관련 기술이 공지되어 있어 몇몇 특허로 큰 권리범위를 확보하기 어렵다면[50] 시장독점전략이 실효를 거두기 어렵다.

시장독점 전략의 구체적인 실행 방안을 찾으려면 선행문헌을 전면적으로 검토하여 공개 기술의 내용과 범위를 파악해야 한다. 이러한 분석을 바탕으로 내가 개발한 기술에서 가장 효과적인 장벽으로 작용할 수 있는 요소를 찾아 집중해야 한다.

이 전략에서 특허 포트폴리오 예산 도출은 Bottom Up 방식이 더 적합하다. 상대방에게 진입장벽을 제대로 쌓는 데 필요한 특허 포트폴리오를 도출하고 필요한 예산과 사용 가능한 예산을 절충한다.

방어적 전략 - 특허분쟁 억제 & 피해최소화

다음 3가지 질문에 대한 답이 모두 'YES'면 방어적 전략이 필요하다고 할 수 있으며 아래 표에 상황을 구분하여 정리하였다.

---

[50] 회피할 수 없는 넓은 권리를 설계하기가 어려워지고 목적을 달성하기 위해 치밀한 전략과 많은 특허가 필요하다.

① (시장 특징) 특허분쟁 등 경쟁이 치열한 시장인가?

② (타사 특허) 나의 제품을 공격할 특허가 있으며, 특허분쟁의 이익이 있는 특허권자들이 있나?

③ (나의 특허) 나는 특허권자(타사)를 공격할 특허가 없거나 미약하여 상당한 피해가 예상되는가?

▶ 후발 주자가 특허 분쟁 피해를 억제하고자 하는 방어적 전략 관점

전략 방향	상황 - 외부 환경	상황 - 내부 환경	전략 포인트
위험 특허권자 대비	• 경쟁 치열·특허분쟁 빈번 • 시장 구조에 변동 발생(독점의 지위 상실, 후발 기업 강세 등) • 기술이 경쟁 우위 포인트	• 침해 확실한 특허가 있으며 특허권자가 분쟁을 제기할 이익이 있음 • 나에게 특허권자를 공격할 특허가 없거나 미약함 • 특허권자가 나의 성장을 견제함	• 타깃 특허권자의 제품에 채용될 가능성이 높은 특허 설계 • 제품의 경쟁력을 높이는 기술에 대한 특허 설계(크로스 라이선스 제안)
불필요	• 경쟁이 치열하지 않고 현재까지 특허분쟁이 거의 발생하지 않음 • 선도 기업이 이미 압도적인 지위를 갖고 있음(후발 기업 견제 불필요) • 경쟁 우위 포인트가 기술보다는 유통망, 마케팅 등 다른 요인에 있음	• 나의 제품에 대해 특허분쟁 위험이 있는 경쟁사의 특허권이 없음(또는 최초 개발 제품) • 현재·미래에 나의 시장 점유율이 미미하거나 특허권자의 관심을 벗어난 니치 마켓이어서 특허분쟁의 대상이 되지 않음	-

기업들의 시장 위치가 변동 없으며 특허분쟁이 거의 발생하지 않는 시장은 향후에도 특허분쟁의 위험이 낮다고 할 수 있다. 특허분쟁의 위험이 높은 시장이며, 개발과정에 선도 기업의 기술을 차용하는 등 선도 기업의 특허를 침해할 가능성이 높으면 방어적 전략이 필요하다.

공격적 전략은 나에 집중하는 반면 방어적 전략은 위험 특허권자에 초점을 맞추어야 한다. 그들이 제품에 채용할 기술에 대한 특허, 협상

카드로 제시할 때 관심을 가질 만한 특허권이 필요하며 따라서 분쟁 위험 특허와 특허권자들의 개발전략에 대한 분석이 선행되어야 한다.

방어적 전략에 관한 특허 포트폴리오 예산은 'Competitive' 방식이 적합하다. 업계 또는 위험 특허권자와 비교하여 균형을 유지할 수 있는 정도가 최소액이다.

방어적 전략을 위한 특허 창출은 공격 특허를 만드는 것

방어적 전략은 특허분쟁을 억제하고 피해를 최소화하는 것이 목표이다. 가장 근본적인 방어 전략은 상대방의 특허를 침해하지 않는 것이지만, 사용할 수밖에 없는 a 기술에 대한 특허들을 가지고 있는 경쟁자가 있으며 비침해 설계는 매우 어려운 환경을 전제로 하자. 방어적 전략을 구사하려면 어떤 특허가 필요할까?

나만의 독자적인 b 기술, 즉 경쟁자들은 사용하지 않는 b 기술에 대한 특허는 이러한 역할을 하지 못한다. 경쟁자들이 사용하지 않는 특허이므로 상대방을 공격할 수 없다. 상대방이 a 기술에 대한 특허로 공격할 때 독자적인 b 기술에 대한 나의 특허는 방패 역할을 할 수 없다.

나도 상대를 공격할 수 있는 특허가 있어야 상대방의 공격을 주춤하게 하거나 피해액을 줄이는 협상력을 가질 수 있다. 상대방이 사용하거나 사용이 기대되는 c 기술에 대한 특허가 필요하다.

c 기술은 고객이 원하는 기술, 현재의 문제점을 해결하는 기술, 성능을 더욱 향상시킨 기술들이다.

[사례 1]

범용 전자 제품을 개발하여 판매 중이며 핵심 기술을 바탕으로 고가 제품 시장으로 진입하려는 후발 기업이다.

▶ 사례 1 기업의 환경 분석

구분	분석 항목	분석 내용
산업 특성 (외부 환경)	제품·기술 특성(1): 구성 기술	• 융합 기술 제품: 핵심 소재 중요, 회로 설계 기술, 특화된 알고리즘 기술, 기계 구동 기술
	제품·기술 특성(2): 제품의 개선 속도, 대체품	• 신규 기술 수명 5년 이상 • 현재 대체품 없음
	시장 특성: 시장(기술)성숙도, 시장 규모, 시장성장률	• 저가 시장 성장 정체, 성숙기 • 고가 시장성장률 높음, 성장기 초기
	경쟁자와 경쟁 강도	• 신규 진입 기업 다수(중국 기업 대부분), 증가 추세 • 저가 시장 가격 경쟁 치열
	특허분쟁	• 특허분쟁 빈번하며 특히 고가 제품에 대한 분쟁이 최근 증가 추세
	기타	• -
내부 역량	제품 개발 방법(1): 독자 개발 기술과 경쟁력	• 고가 제품용 핵심 소재 기술 z-1 독자개발 • z-1은 기존 기술에 비해 주요 성능을 30% 이상 향상시키며 가격 경쟁력에도 기여
	제품 개발 방법(2): 모방 기술과 모방 대상	• A사 저가 제품 모방하여 개발 • 고가 제품 용 알고리즘, 증가 추세를 알고리즘 전문 기업 B사 설계 모방
	유사 제품(모방하지 않았으나)	• C 기업의 T 모델과 외형, 기능 유사
	시장 위치	• 후발주자, 저가 제품 시장 점유 증가
	잠재적 위험 요인	• 매출 증가 시 일본 B 기업이 타격, 특허 공격 위험
	경영 여건	• 투자금 유입, 매출 증가로 특허 비용 100% 이상 증액 가능
	기타	• 보유특허 5건으로 선도 기업에 비해 5% 수준: 매출 대비 보유특허 비율도 20%로 낮음
비전	3년 이내	• 고가 제품 시장 5% 이상 점유
	3년 이후	• 고가 제품에서 매출의 80% 달성, 시장 점유 20% 이상

특허분쟁이 빈번하고 성장률이 높은 시장이므로 전략적이며 강도 높은 특허 포트폴리오가 요구되나 현재 선도 기업에 비해 보유특허가 매우 빈약하다. 다행히 특허 포트폴리오를 강화할 수 있는 경영 여건이므로 집중 투자하기로 하였다.

> ▶ 사례 1 기업의 특허 예산 결정

> **주요 경쟁자들보다 R&D 투자 대비 특허 예산 비율 ~1.5배 증액**
> ✓ 특허분쟁이 빈번하고 경쟁이 치열한 시장
> ✓ 시장성장률 높은 고가 제품 시장에서 주요 플레이어로 성장하는 것이 목표
> ✓ 현재 경쟁자들의 포트폴리오가 압도적으로 우세
> ✓ 기관의 핵심 역량이 기술력, 기관의 자본 조달력이 비교적 우수

융합 기술 제품의 특성상 제품 콘셉트를 최초로 개발한 기업도 시장을 독점하기 어려우며, 이미 선도 기업이 있는 현시점에서 시장 전체 또는 대부분을 독점하는 특허전략은 불가능하다. 소재, 회로, 알고리즘, 구동기술 등의 다양한 요소 기술에 대해 한 기업이 독점적 지위를 확보할 수도 없고 이미 중요 기술이 개발되어 제품에 사용되고 있어 제품 전반에 권리를 주장할 수 있는 폭넓은 특허권을 확보할 수 없기 때문이다.

독자개발한 z-1 기술은 제품 경쟁력에 확실히 기여하는 것으로 기대되므로 고가 제품 시장에서 이 기술을 바탕으로 경쟁력을 확보하려고 한다. 따라서 z-1에 대한 특허는 기술모방에 단호히 권리를 행사할 수 있으며 회피가 불가능하도록 촘촘해야 한다.

이 기업은 독자 개발한 z-1 이외에는 A사의 기술을 벤치마킹하였으며 C사의 제품과도 유사성이 높다. 또한 매출이 증가하면 B사가 크게 타격을 받으므로 A, B, C사가 위험한 특허를 가지고 있는지에 대해 분석해야 한다. 위험한 특허가 있다면 그 기업이 특허 소송을 제기했을 때를 대비한 대응책이 필요하다.

A, B, C사가 z-1 기술에 대해 관심이 높으면 이에 대한 사용권을 무기로 특허 소송을 피해를 줄여 볼 수 있다. 그러나 그렇지 않다면 선도 기업들의 특허소송에 대비한 새로운 무기가 필요하다. 예를 들어 B사는 알고리즘 전문기업으로 z-1 소재에 대한 관심이 없다. B사의 특허분쟁에 협상 카드가 될 수 있는 특허는 알고리즘, 회로에 대한 것이므로 이것을 확보하여 대비할 것인지 제품 구매나 다른 방법으로 대응할 것인지 검토가 필요하다.

▶ 사례 1 기업의 특허 포트폴리오 전략 방향

| 1순위 | • 타깃 시장 | 고가 제품 |
| | • 목적 | 특허분쟁 억제 및 피해최소화 |

방안1
z-1 기술에 대한 특허 확보
✓ 선도 기업과 크로스 라이센싱
✓ 기술모방에 법적 조치

| 2순위 | • 타깃 시장 | 고가 제품 |
| | • 목적 | 중국 등 후발 기업의 진입 차단 |

방안2
알고리즘 유효 특허 확보
✓ B사 대응용, 매입 등도 고려

특허분쟁이 고가 제품에 집중되어 있으며 선도 기업에 비해 특허가 매우 빈약하므로 이대로 고가 제품 시장에 진입하면 좋은 제품을 만들어도 특허분쟁에 시달리다가 사업을 접어야 할 가능성이 크다. 선도 기업의 특허 중, 고가 제품 개발에 사용할 수밖에 없는 특허 기술을 파악하고 특허권자들로부터의 피해를 최소화하는 것을 특허 포트폴리오 전략의 1순위 목표로 삼았다. 또한 기존 제품들보다 우수한 성능이 기대되는 새로운 기술 z-1에 대해 후발 기업의 진입을 차단하는 것을 2순위 목표로 하였다.

방안 1, 'z-1 기술에 대한 특허 확보'는 1순위와 2순위 목표 달성에 모두 효과적인 방안이며, 원하는 효과를 얻기 위해서는 기술 자체가 선도 기업에게 매력적이어야 함은 물론 빈틈없는 특허망을 구축하여 나의 특허를 벗어나서는 z-1 기술을 구현할 수 없는 정도가 되어야 한다. 단, 전략 방향 결정전에 z-1 기술에 대한 공지 기술을 분석하여 넓은 권리설계가 가능한지에 대한 검토가 선행되어야 한다.

또한 방안 2, '알고리즘 유효특허 확보'는 특허분쟁 억제 및 피해최소화를 목표로 하므로 특허분쟁 우려가 있는 B사의 특허들을 면밀히 분석하는 한편 B사 제품을 공격할 특허 설계 포인트를 정해야 한다.

[사례 2]

소재 신기술을 개발하여 시장을 선도하려는 스타트업이다.

▶ 사례 2 기업의 환경 분석

구분	분석 항목	분석 내용
산업 특성 (외부 환경)	제품·기술 특성(1): 구성 기술	• 단일 기술 제품: 고분자 소재와 필름 제조 기술
	제품·기술 특성(2): 제품의 개선 속도, 대체품	• 제품 수명 10년 이상
	시장 특성: 시장(기술)성숙도, 시장 규모, 시장성장률	• 성장률 높음 CAGR 10% 이상 • 새로운 적용 제품 다양해지고 있음
	경쟁자와 경쟁 강도	• A사, B사, C사가 전세계 시장의 80% 이상 점유 • 신규 시장 진입 어려움(어려운 기술과 품질 문제)
	특허분쟁	• 특히 미국에서 특허분쟁 빈번하며 전 세계적으로 특허분쟁 증가율 매우 높음
	기타	• 미국 시장이 전체 시장의 50%
내부 역량	제품 개발 방법(1): 독자 개발 기술과 경쟁력	• 최적 첨가제와 물질 조성을 개발 완료했으며 공정 기술 개발 중 • 세계 top 수준의 성능 확보 기대
	제품 개발 방법(2): 모방	• 기본 물질은 A사의 만료된 특허 기술 활용 • 공정 기술은 A사와 B사 기술 참조
	유사 제품(모방하지 않았으나)	• C사 제품과 물질 유사(동일하지 않음)
	시장 위치와 사업 경력	• 선도 기업과 격차가 큰 추격자 • 스타트업 5년차
	잠재적 위험 요인	• A사, B사, C사는 보유 특허 수백 건 • 매출이 잠식되면 소송 제기 가능성 높음
	경영 여건	• 최근 설비 추가 투자로 자금 압박 • 1년 후 대규모 투자 유치 확률 높음
	기타	• 개발단계: 실험실 성능 확보, 양산 기술 개발 중
비전	3년 이내	• 국내 시장 진입, 안정화: 국내 시장의 15%
	3년 이후	• 7년 이내 글로벌 시장 점유 20%

특허분쟁이 빈번하고 응용 분야가 확장되고 있으며 성장률이 높은 시장이므로 심도 있는 특허 포트폴리오가 요구된다. 또한 신기술을 개발한 스타트업이므로 초기에 특허 포트폴리오에 상당히 투자해야 하나 자금 여유가 없다. 따라서 사업 주도권을 잡는 데 가장 효과적인 '코어' 기술에 집중해야 한다.

▶ 사례 2 기업의 특허 예산 결정

작년 대비 20% 증가(경영 여건상 20% 증액이 최선)

- ✓ 특허분쟁 증가 추세
- ✓ 시장성장률 높으며 응용 제품 확대
- ✓ 신기술 제품의 시장독점이 목표
- ✓ 신기술 개발 초기에 가장 강력한 특허 가능하므로 집중 투자 필요
- ✓ 현재 자금 여력 부족하므로 선택과 집중해야 함
- ✓ 1년 후 자금 확보 가능하므로, 최선 출원일 확보하고 지출은 1년 후로 미루는 방안 필요

대상 제품은 1~2개의 요소 기술로 구성된 단일 기술 제품이며 기존 기술에 비해 특징과 우수성이 분명하므로 시장독점을 목표로 특허 포트폴리오를 설계해 볼 만하다. 개발한 기술뿐 아니라 우회하여 유사한 성능을 구현할 수 있는 다른 길목도 차단하는 것이 중요하다. 이것이 특허 포트폴리오 목표 1순위이다.

이 스타트업은 선도 기업 A, B사의 공정 기술을 이용하였고 C사 제품과 유사하므로 특허분쟁의 가능성이 없다고 할 수 없다. 따라서 A, B, C사로부터의 특허분쟁을 억제하거나 피해를 최소화하는 것도 염두에 두어야 한다. 그러나 특허분쟁은 스타트업의 매출이 선도 기업에 타격을 줄 정도가

되어야 발생하는 것이 일반적이고, A, B, C사의 특허를 분석하여 위험의 존재와 크기를 확인하는 것이 우선이다.[51] A, B, C사 중 위험 특허를 가진 것이 확인되더라도 1순위 전략에서 확보한 첨가제·조성에 관한 특허로 협상 가능할 것으로 생각되며, 제한된 스타트업의 자금으로는 2순위 전략은 시급하지 않다.

▶ **사례 2 기업의 특허 포트폴리오 전략 방향**

| 1순위 | ▪ 타깃 시장 | 고기능 소재 |
| | ▪ 목적 | 시장독점, 모방 차단 |

방안1
첨가제·조성에 대한 특허 확보
✓ 회피설계 차단
✓ 기술모방에 법적 조치

| 2순위 | ▪ 타깃 시장 | 고기능 소재 |
| | ▪ 목적 | A,B,C사로부터의 특허분쟁 억제·피해최소화 |

방안2
A,B,C사 공격 가능 특허 확보
✓ A,B,C사의 위험특허 확인 우선

---

51 이 기업이 개발한 조성에서 기본 물질은 만료특허의 기술을 활용하였으므로 만료된 특허로 인한 문제는 없다. 그러나 만료특허의 실시 기술을 그대로 하지 않고 변형하였다면 이와 관련된 개량특허들의 존재여부를 확인해야 한다. 물질기술, 공정기술, 유사 제품 기술을 가진 A사, B사, C사는 매출에 타격을 받으면 특허로 보복할 것이 예상되므로 이들의 위험 특허 검토는 매우 중요하다.

[사례 3]

세균이나 바이러스를 제거하는 소독스틱 제품을 생산하고자 하는 소기업이다.

▶ 사례 3 기업의 환경 분석

구분	분석 항목	분석 내용
산업 특성 (외부 환경)	제품·기술 특성(1): 구성 기술	• 소독액과 소독가스를 일정하게 방출하는 용기로 구성
	제품·기술 특성(2): 제품의 개선 속도 대체품	• 기술 난이도 낮고, 제품의 디자인 변경 용이 • 알코올 등 소독용품이 대체품
	시장 특성: 시장(기술)성숙도, 시장 규모, 시장성장률	• 성상하는 시장이나 성장률 3% 수준 • 감염병 등 사건 발생시 수요 폭증, 다시 감소
	경쟁자와 경쟁 강도	• 시장 진입장벽 낮음 • 영세한 중소기업 다수
	특허분쟁	• 5년간 특허분쟁 없었음
	기타	• 대부분의 특허들은 디자인 변경으로 회피 가능 • 반드시 채택해야 하는 특허 기술은 없음
내부 역량	제품 개발 방법(1): 독자 개발 기술과 경쟁력	• 소독가스를 방출하는 용기 구조 개량 • 타제품에 비해 가스 방출 속도 조절이 용이함
	제품 개발 방법(2): 모방 기술	• 소독액은 알려진 물질과 조성 사용
	유사 제품(모방하지 않았으나)	• 대부분의 소독 스틱 제품의 물질과 용기 디자인에 유사점 많음
	시장 위치	• 신규 진입자
	잠재적 위험 요인	• 제품 수요의 등락 폭이 큼 • 제품 설계 모방 매우 용이
	경영 여건	• 다른 제품 판매 수익으로 자금 여력 충분
	기타	• 감염병 유행으로 개인 위생에 대한 관심 폭증
비전	3년 이내	• 이 제품이 기업 전체 매출의 30% 달성
	3년 이후	• 고부가가치 위생용품 시장 진입

소독에 사용되는 물질은 이미 오래전부터 알려진 것이며 소독제를 담는 용기 구조를 달리하는 제품을 제조하여 판매하는 기업들이 이미 있다. 이 분야는 특허분쟁이 거의 없고 기술 진입장벽이 낮다. 따라서 시장독점, 특허분쟁 억제 등의 목적보다는 비즈니스 활성화를 위한 특허가 필요하다. 반면 기업은 자금 여력이 있으므로 특허를 확보하기 위한 예산은 걱정할 필요가 없으나 필요 이상의 특허들을 출원하여 자원을 낭비하지 않도록 해야 한다.

▶ 사례 3 기업의 특허 예산 결정

Bottom Up으로 도출된 출원 아이디어 중 사업에 필요한 것 모두 출원

- ✓ 특허분쟁이 거의 없음
- ✓ 기술 난이도가 낮으나 해결해야 할 문제점 있음
- ✓ 사용자의 편리성을 향상시킨 제품으로 신사업 진출 계획
- ✓ 특허 없이도 사업하는 기업 다수
- ✓ 기관의 자본조달력이 비교적 우수

▶ 사례 3 기업의 특허 포트폴리오 전략 방향

1 순 위	▪ 타깃 시장	국내외 일반 제품 시장
	▪ 목적	비즈니스 활성화

방안 1

용기 구조에 대한 특허 확보
- ✓ 기술력 홍보 효과
- ✓ 동일 디자인 모방 차단

제조사 5개의 특허를 분석한 결과 3개 사는 특허가 없었으며 특허들의 권리가 매우 제한적이어서 대부분 회피설계가 가능했다. 특허가 없어도 사업에 별다른 지장이 없으며 신규업체의 사업 진입을 차단할 수 있는 특허를 만들기는 사실상 불가능하다. 그러나 특허는 제품과 기술에 대한 홍보

역할을 하며, 특허를 받은 구조와 동일한 모방 제품에 대해서는 특허권을 행사할 수 있으므로 특허 확보의 의미가 있다. 소독가스 방출 속도를 조절하는 판매 제품의 설계를 반영한 1~3건의 출원이 적합하다.

[사례 4]

기술을 개발하여 직접 사업화하지 않고 기술을 이전하여 기술료를 얻고 자 하는 기업이나 연구기관은 기술이전 수익 극대화가 특허 포트폴리오 전 략의 목표이다. 기술에 경쟁우위 포인트가 있어야 하므로 시장선점 전략에 준한다.

큰 틀에서 보면 기술이전도 무언가를 판매하는 것이다. 그런데 면밀하게 고객의 니즈를 파악하고 마케팅 전략을 세우는 제품 판매와 달리 기술의 판매는 고객에 대한 분석이 미흡한 경우가 많다.

기술 전문기관·기업은 직접 사업을 하는 기업에 비해 시장의 니즈와 사 업화 과정을 잘 알기 어렵고 '기술의 우수성'에 매몰되기 쉽다. 특허는 기 술 자체보다 활용도가 중요하다. 기술적 가치는 낮더라도 사업에 반드시 필요한 기술에 대한 특허의 가치가 더 높기 때문이다.[52]

기업은 대상 기술과 특허가 기업의 사업화에 필요해야 기술료를 지불하 므로 수요기업의 입장에서 특허전략을 수립해야 한다. 기업의 규모, 기술 력, 사업전략, 제품 포트폴리오 등에 따라 필요한 기술과 특허가 다르므로

---

52 순수학문, 기초 원천 기술은 상업성과 관계없이 꾸준히 연구되어야 한다. 그러나 특허 는 철저하게 사업성 관점에서 바라보아야 한다.

수요기업을 정의하는 것이 중요하다.

원천성이 높고 성능을 획기적으로 향상시킬 가능성이 있으나 양산을 위한 추가 연구개발 또는 설비 투자 등의 부담이 큰 기술은 중견 기업 이상에서 수요기업을 찾는 것이 타당하다. 예상 수요기업을 도출하고 나면, 그 기업이 속한 산업환경, 유력한 수요기업들이 해결하고자 하는 문제점, 개선 포인트 등을 파악한다.

상용화 단계의 기술이전은 기업의 특허 포트폴리오 전략과 다를 바 없으나 여러 분야에 적용될 수 있는 기초 기술은 다양한 가능성을 고려해야 한다. 이러한 기술은 아직 시장이 형성되어 있지 않으므로 시장, 경쟁자, 특허분쟁 등 외부 환경을 분석하기 어렵다. 이 경우 기초 연구부터 상용화에 이르는 단계를 시뮬레이션해 보고 상용화의 성패에 가장 중요한 기술과 기관의 핵심역량에 관한 것에 집중해야 한다.

4장

특허 포트폴리오의
코어설계

- 코어 특허전략 구분
- 최초 개발 기술·제품으로 시장을 독점하기
- 경쟁 환경에서 활용도 높은 코어 특허 도출하기
  문제점 도출
  변화 감지하기 – 기술의 변곡점·시장 니즈의 변곡점
  경쟁자의 개발전략 읽기

자원이 한정적이기 때문에
원하는 모든 특허를 출원하는 것은 거의 불가능하다.
따라서 가장 활용도가 크고 넓은 권리를
가질 수 있는 것이 어떤 것일까 고민해야 한다.
대개 새로운 기술을 배타적으로 독점하는 것,
업계가 당면한 문제점을 해결하는 것이
비즈니스 관점에서 가장 중요하다

기업의 경영환경과 사업전략에 따라
시장독점, 특허분쟁 피해최소화 등의 큰 방향을 정하고
목표를 달성하는 데 가장 중요한
코어 기술에 집중하여
권리를 설계하는 것이 무엇보다 중요하다.

3장에서 특허 포트폴리오의 목표가 설정되었다. 4장에서는 목표를 달성하는 데 열쇠가 되는 코어 특허를 설계하고자 한다. 글로벌 비즈니스 환경과 제한된 자본을 고려할 때 코어 특허를 우선적으로 확보하는 것은 전략적으로 중요하다.

대부분의 기업들은 제안되는 발명 아이디어 중 중요한 것을 골라 출원을 하며, 원천·응용·개량, 소재·공정·부품·장치 등으로 기술을 구분하여 세부 기술을 도출하고 대부분의 주요 세부 기술에 고르게 특허를 확보하려고 한다. 그러나 투입 자원의 한계로 많은 국내 출원 중 극히 일부만 글로벌 특허를 확보하는 것이 현실이다.

세부 기술

?

구분
- 소재·공정·장치...
- 원천·응용·개량...
- 기술 1·기술 2·기술 3...

그러나 이렇게 확보한 특허들 중 상당수는 사업에 직·간접적으로 기여하지 못하며, 국내 특허만 확보한 경우 미국, 유럽 등 규모가 큰 시장은 경쟁자들에게 문을 활짝 열어 주는 것과 같다. 도출된 모든 발명에 대해 주요국에 특허를 확보하는 것은 자본의 부족으로 대부분의 기업과 기관에게 불가능한 일이다.

    세부 기술마다 고르게 국내 특허를 확보하는 것보다 사업화에 반드시 필요한 기술요소 몇 개를 골라 진입을 완벽히 차단하는 글로벌 장벽을 설계하는 것이 효과적이다. 치밀한 장벽을 구축하는 필수 기술요소로 기업·기관이 가진 차별화 역량 중 포괄적인 권리를 확보할 수 있는 발명을 선정해야 한다.

    특허분쟁이 우려되는 경우도 마찬가지이다. 특허를 많이 확보하여 규모를 키우기보다 위험한 특허권자를 겨냥하여 효과를 볼 수 있는 그런 코어 특허 확보가 우선이다.

▶ 코어 특허 설계를 먼저 해야 하는 이유

 제약, IT 소재 등 글로벌 시장 전체에 판매되는 제품은 글로벌 특허 필수

- 국내 특허만으로 기업의 경영에 기여하기 어려움

 모든 중요 기술들의 글로벌 권리장벽을 위한 특허 예산 확보 불가능

- 글로벌 특허 확보에 발명 1건당 약 1억 원 소요

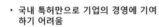

필수 길목 완벽 차단 설계 우선, 그 외 중요 기술에 특허 확보 다음

- 주요 기술마다 고르게 국내 특허를 확보하는 것보다, 사업화에 반드시 필요한 기술요소 몇 개를 골라 진입을 완벽히 차단하는 글로벌 장벽을 설계하는 것이 효과적
- 중요 기술 중, 기업·기관의 기술로 포괄적인 권리를 확보할 수 있는 발명 선정 중요

코어 특허전략
구분

특허 포트폴리오의 목표가 '시장독점'인지 '특허분쟁 피해최소화'인지에 따라 코어 특허를 설계하는 방법이 달라진다. 두 가지 이외에 기술력 입증도 특허 포트폴리오의 빈번한 목표이나 이것은 특허의 권리보다는 특허의 기술내용이나 특허 포트폴리오의 양적 측면과 주로 관련이 있으므로 코어 특허 설계에서 다루지 않겠다.

▶ 특허 포트폴리오 전략의 주요 목적

특허분쟁 피해 최소화	특허분쟁이 우려되는 특정 기업에 대해 협상력을 가지는 특허를 확보하는 전략
	해당 사업 참여자 모두에 협상력을 가지는 유효 특허를 확보하는 전략
기술력 입증	강한 권리를 가지는 코어 특허 설계보다 특허의 기술 내용과 건수 중요

최초 개발 기술·제품으로 시장을 독점하기 위해서는 **내 기술**을 보호하는 장벽을 빈틈없이 쌓는 것이 중요하며, 경쟁관계에서 경쟁자를 압박하거나 피해를 최소화하려면 **상대방의 제품과 기술**에 집중해서 상대

방이 사용할 만한 특허를 만드는 것이 중요하다.

특허분쟁 피해최소화를 위한 코어 특허 설계는 2가지로 접근할 수 있다. 특정 대상에 대한 대응전략을 수립할 수도 있고 해당 업계 경쟁자들에게 모두 적용될 수 있는 전략을 마련할 수도 있다.

특허 포트폴리오의 목적에 따라 확보해야 할 특허의 관점은 달라지나 공통적으로 요구되는 것은 우수한 특허이다. 특허의 우수성은 기술의 고도함에 무관하며 독점배타권의 정도, 즉 특허가 적용되는 제품의 범위와 그 특허를 벗어나는 것이 얼마나 어려운가를 종합하여 구분할수 있다. 다음 표는 2장에서 이미 설명한 특허의 품질 구분이다.

▶ 적용 제품과 회피설계 용이성으로 구분한 특허 수준	
구분	**정의**
1 수준	• 해당 분야 제품에 널리 사용될 수밖에 없는 특허
2 수준	• 일부 제품에 사용될 수밖에 없는 특허
3 수준	• 일부 제품에 적용되고 있으나 사용하지 않을 수 있는 특허
4 수준	• 미래에 제품 적용 가능성이 있으나 사용하지 않을 수 있는 특허
5 수준	• 관련 분야 특허이나, 권리범위가 현재 또는 미래의 제품과 관련 없음

1, 2 수준의 특허는 제품에 사용되며(혹은 사용될 것이 자명) 회피설계가 불가능하거나 어려워 기관의 사업전략에 실질적으로 기여하는 특허이다. 특허 포트폴리오 구성 특허들 중 극히 일부만 1, 2 수준에 해당하며 시장 변화에 따라 각 특허가 다르게 평가될 수 있다.

출원 시점은 대개 특허의 기술이 제품에 적용되기 전이므로 제품에 적용 여부를 확신할 수 없기도 하고 여러 제품에 널리 적용되는 특허는 만들기가 매우 어려운 것이 사실이다. 그러나 제안되는 발명들 중 몇몇을 골라[53] 출원하는 것에 비해 특허 포트폴리오의 '코어'가 무엇인지 고민하고 이것에 집중하여 출원을 만들어 가는 것은 우수한 특허 확보 측면에서 차이가 있을 수밖에 없다.

회피하기 용이한 3, 4 수준의 특허라도 여러 건이 모여 코어 특허군을 형성함으로써 회피설계를 어렵게 만들 수 있다. 예를 들어 제품의 소재 기술이 중요한데 '알루미늄'이 공개되어 '금속'을 주장할 수 없고 '철'에 대한 특허를 확보한 경우 제품의 소재로 가능한 구리, 주석으로 회피하는 것이 용이하다. 이때 구리와 주석에 대해 각각 특허를 확보해 놓으면 하나를 회피해도 다른 특허에 걸리게 된다. 물론 가능한 금속이 몇 가지로 제한되는 경우에 이러한 전략이 가능하다. 이와 같이 개별 특허도 중요하지만 특허 포트폴리오의 설계도 그 못지않게 중요하다.

---

53 '발명 심의회'를 통해 제안되는 발명 중 사업, 기술이전 등에 활용도가 높을 것으로 예상되는 것을 선정한다. 활용도에 대한 평가는 기관의 평가기준에 따라 내부·외부 전문가가 수행한다.

최초 개발 기술·제품으로
시장을 독점하기

시장독점은 많은 기술 개발 기업들의 꿈이며 특허를 확보하는 주요 목적이기도 하다.

최근 수십 년 사이에 처음 나타난 제품들이 많다. 김치냉장고, 의류 관리기, 리튬이온전지, LED 미용기구, 스마트폰, 디지털카메라, MP3 플레이어, 블루투스 이어폰 등 엄청나게 많은 제품이 20세기 말 21세기 초에 최초 개발되었다. 최초 개발사들은 특허를 확보했음에도 불구하고 현재 시장에서 수많은 경쟁자 중 하나일 뿐이다.

반면, 의약품, OLED 소재 등은 특허로 경쟁자를 효과적으로 견제하여 시장을 장악하고 있다. 이와 같이 구성요소가 적은 기술은 최초 개발자가 시장을 독점하는 특허전략이 상대적으로 용이하므로 이번 장에서는 융합 기술 제품에 대한 시장독점 전략에 중점을 두고자 한다.

융합 기술 제품 중에는 특허로 시장독점이 불가능한 경우도 있지만 특허 포트폴리오가 전략적으로 치밀하게 설계되었더라면 시장의 판도를 바꿀 수 있었던 제품들도 있었다.

시장독점을 위한 코어 특허 설계는 선행 기술의 존재와 공개범위에 영향을 받는다. 공개된 기술과 유사하거나 공개된 기술보다 더 포괄적인 기술은 등록 가능성이 없으므로 구체화해야 하기 때문이다.

예를 들어 알루미늄이 제품의 소재로 이미 공개되었으면 알루미늄을 소재로 한 제품을 최초로 상용화해도 알루미늄 제품에 대한 권리를 가질 수 없다. 특허를 등록시키려면 특수 처리한 알루미늄이나 알루미늄의 함량이 특정 범위인 알루미늄 합금 등으로 기술을 한정해야 하며 한정할수록 권리는 작아지고 회피가 쉬워진다. 다시 말해 **독점하고자 하는 기술·제품에 관해 이미 공개된 정보가 많을수록 시장독점을 목표로 하는 특허 포트폴리오 구축이 어려워진다.**

개발 기술의 특징으로 생각했던 발명을 출원하여 독점이 가능한 권리를 확보하는 것이 불가능하다고 판단되면 독점에 근접한 효과를 낼 수 있는 방법에 대해 다각도로 생각해 보고 다른 특징을 찾아야 한다.

좋은 방법 중 하나가 시장 즉 고객 관점에서 접근하는 것이다. 시장이 절실하게 원하는 기술 특징을 권리화하면, 경쟁자들은 시장이 절실하게 원하는 그 기술을 사용할 수 없기 때문에 시장진입이 곤란해진다. 어떤 항목은 고객이 제품을 선택하는 데 필수적인 것이어서 다른 항목에 비해 제품 선택에 절대적인 영향을 준다. 이것이 무엇인지 찾으려면 제품과 고객을 잘 이해해야 한다.

또한, 특허는 등록 후에도 무효가 될 수 있다는 것을 명심해야 한다. 무효심판 등에 의해 특허의 권리가 부정되면 후발 기업들의 모방에 아무런 힘을 행사할 수 없으므로 한두 건의 특허에 의존하면 안 된다.

시장독점을 노리는 코어 특허 설계 프로세스를 다음과 같이 정리해 보았다. 파트 Ⅰ과 파트 Ⅱ로 나누었으며 파트Ⅰ은 개발자의 관점에서 기술과 제품의 특징을 파악하여 권리화하는 방법이다.

▶ 특허 출원 아이디어 도출 및 권리화 프로세스 Ⅰ

파트 Ⅰ 개발자 관점의 권리화		
	1	최초 개발 기술·제품의 특성 도출
	2	1에 대해 관련 공지 기술(선행특허, 논문 등) 조사
	3	공지 기술에 비해 차별화된 기술 특징 도출
	4	3의 기술 특징을 1개 또는 여러 개의 출원으로 장벽 설계
	5	후발 업체 입장에서 허점을 진단하고, 장벽 보수

개발 기술의 특징을 정의하고 이에 관한 공지 기술을 조사하여 획득 가능한 권리범위를 가늠하고 공지 기술과 구분되는 차별화 포인트를 찾아내는 것이다. 대부분의 기관에서 출원하는 방법이며 기술전문가의 입장에서 새롭게 개발된 기술 내용에 관한 특허를 출원하는 것이다. 원천성이 높은 요소 기술은 이러한 직관적인 권리화로 충분히 강한 코어를 도출할 수 있다.

그러나 세계 최초로 개발한 기술이 공개된 기술들의 조합이거나 종래 기술을 개량한 정도가 크지 않으면 개발자 관점의 권리화로 충분히 강한 권리를 설계하기 어렵다. 시장독점 가능성이 있는 특허인지 판단하려면 유망시장에 진입하려는 후발 기업의 절박함으로 특허를 피할 수 있는 허점을 찾아보아야 한다. 독립항의 구성요소 중 하나라도 용이하게 회피설계가 가능하면 특허로 시장을 독점하려는 목표는 전혀 실현 가능하지 않다. 추가 출원으로 허점을 보완하고 권리장벽을 다시 진단해 본다.

파트 I으로 시장독점이 가능한 권리확보가 불충분하거나 더욱 강화할 필요가 있다면 파트 II의 과정을 진행한다.

▶ **특허 출원 아이디어 도출 및 권리화 프로세스 II**

파트 II

수요자 관점의
권리화

① 고객이 제품을 채택하는 데 중요한 핵심 니즈 도출
② 1의 핵심 니즈를 구현하는 기술 요소 분석
③ 2의 기술 요소 중 독점 가능하여 장벽 구축이 가능한 요인 선정
④ 3의 기술 요소 권리화
⑤ 후발 업체 입장에서 허점을 진단하고 장벽 보수

개발자의 눈에 바로 보이는 기술 특징이 아니라 숨어 있는 권리화 포인트를 찾아내야 한다. 시장 관점에서 기술을 바라보고 시장의 요구사항을 만족시키는 데 꼭 필요한 기술요소를 찾아 파트 I의 청구항에 부

가하거나[54] 수요자 관점으로 재해석한 청구항을 설계하여 길목을 차단할 수 있도록 하는 것이다.

이를 위해 효과적인 방법 중 하나가 시장관점의 기능분석(function analysis)이다. 시장에서 경쟁하는 핵심 요인, 고객이 제품을 선택하는 데 필수적으로 고려하는 요소를 찾는다. 따라서 연구자 외에 마케팅·영업 전문가의 의견이 중요하며, 최초 개발제품이어서 아직 시장에 동일 제품은 없겠지만 유사한 제품이 판매되고 있다면 인터넷에서 제품을 리뷰·추천하는 인플루언서들의 의견도 참조할 수 있다. 소재 등 여러 제품에 사용될 수 있는 기술은 응용 제품을 정해야 시장의 니즈를 논의할 수 있다.

핵심 니즈를 찾는 또 하나의 효과적인 방법은 기술이 사용되는 상황을 시뮬레이션해 보는 것이다. 전화기와 음악 재생기를 결합한 제품을 최초 개발했다고 생각해 보자. 요즘은 휴대전화의 기본 기능이지만 휴대전화와 음악 재생기는 별개의 제품이었다. 휴대전화도 되고 음악 재생기도 되는 제품에 대해 권리를 주장하면 단순 결합으로 진보성이 부정될 가능성이 높다.

---

54 파트 I의 발명이 선행 기술 때문에 폭넓은 권리를 확보할 수 없는 경우, 새로운 요소를 부가하면 등록 가능성을 급격히 높일 수 있으며 이것은 시장에서 꼭 필요한 요소이므로 실질적으로 권리를 축소하지 않는다.

소비자가 이 제품을 사용하는 상황을 상상해 보자. 음악을 듣거나 전화를 하는 데 주로 사용되며 때로는 음악을 듣는 중에 전화가 오기도 한다. 이것은 예전에 없었으나 결합 제품을 사용하는 한 누구에게나 발생하는 상황이다. 다음과 같은 선택이 가능하다.

- 음악을 무조건 중단하고 전화를 연결
- 음악의 음량을 감소시키고 전화를 연결
- 발신자를 확인하고 발신자에 따라 전화와 음악 재생 선택
- 등록된 중요 발신자인 경우 무조건 전화 연결

전화기와 음악 재생기가 결합된 모든 제품은 위의 상황에 대한 작동 알고리즘이 필요하며 잘 정리하여 권리화할 경우 전화기와 음악 재생기를 결합한 제품 전체에 영향을 미치는 강력한 특허가 될 수 있다.

핵심 니즈는 고객의 용어로 표현되어야 한다. 미세먼지나 바이러스를 차단하는 마스크를 예로 들어 보자. 마스크는 투과도, 기공율, 차단지수, 사용소재 등이 중요한데 고객들은 이런 것을 다르게 표현한다. '미세먼지를 잘 걸러냄, 착용했을 때 숨쉬기 편안함, 오래 사용해도 피부트러블 없음, 얼굴에 밀착됨, 착용·탈착 용이함, 오염이 잘되지 않음, 합리적인 가격' 등이 고객이 제품을 선택하는 기준이다. 기술용어로 접근하면 그 기술에만 집중하게 되어 시야가 좁아진다. 고객의 시각으로 보면 기술적인 이슈를 좀 더 근본적인 것으로 문제를 재정의할 수 있고 중요한 것을 빠짐없이 검토할 수 있다.

그다음은 연구자의 영역이다. 고객의 관점에서 표현된 핵심 니즈마다 이를 달성하거나 개선하는 데 관여하는 기술요소들을 찾아낸다. 기술요소는 제품을 구성하는 서브시스템을 의미하며 계층적으로 파악할 수 있다. '미세먼지를 잘 걸러냄'은 마스크를 구성하는 서브시스템 중 '부직포의 미세구조'와 '피부에 밀착하는 구조'에 해당하며 더 자세하게는 부직포의 기공 크기, 기공분포, 부직포 섬유의 직경, 꼬임도, 섬유의 미세구조, 섬유 표면의 흡착성 등의 세부 기술요소를 찾을 수 있다.

기술요소 중에는 핵심 니즈 여러 가지에 모두 관련된 것도 있고 하나의 핵심 니즈에만 관련된 기술도 있다. 여러 핵심 니즈에 관련된 기술요소가 중요한 것은 사실이나 이것만으로 권리화 대상 기술을 정하는 것은 아니며, 이 중에서 특허로 회피설계를 막을 수 있는, 즉 독점가능성이 높은 기술요소를 찾는다.

독점가능성이란 기술보다는 시장 관점이다. 기술에 대한 특허가 있어도 이것을 우회하여 동일한 목적을 달성할 수 있는 용이한 방안이 있다면 시장독점이 불가능하기 때문이다. 독점가능성이 높으려면 목적을 달성하는 기술적 방안이 몇 가지 이하여야 하며(매우 다양한 방법이 존재하면 안 된다) 이러한 방안들에 대해 특허를 확보할 수 있어야 한다. 만약 이미 공개된 기술 중 유용한 방안이 있으면 경쟁자들은 그 기술을 채택하여 나의 특허를 우회할 것이다.

다음 그림은 수요자 관점 발명 설계의 1단계부터 3단계의 과정을 통해 독점가능한 발명을 선정하는 과정을 도식화한 것이다. 2단계에서 니즈를 달성하는 데 중요한 기술요소는 a, d, g였으며, 독점가능성이 있는 기술요소는 a, e, g이다. 권리화를 추진할 기술요소는 독점가능성이 있어야 하며 그중에서도 여러 니즈에 관련된 a와 g가 우선적으로 고려되어야 한다.

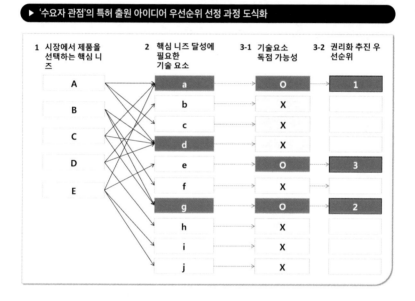

▶ '수요자 관점'의 특허 출원 아이디어 우선순위 선정 과정 도식화

기술이 소재, 부품, 장치 등 여러 제품에 이용될 수 있는 기술이면 1단계 고객 니즈 발굴에서 응용 분야를 구체화할 필요가 있다.

회피설계와 개량발명

어떤 특허에 대해 회피설계를 하면 더 이상 그 특허를 침해하지 않는다. 회피설계는 특허 독립항의 구성요소 a, b, c 중 하나 이상을 제거 또는 다른 것으로 대체해야 한다. a, b 또는 a, b, f와 같은 형태가 된다.

개량발명은 기본 발명의 구성요소에 새로운 요소를 추가하여 기본발명을 더욱 발전시킨 발명으로, 기본 발명의 구성요소가 a, b, c라면 개량발명은 a, b, c, d 또는 a, b, c'의 형태이다. 개량발명을 실시하면 기본 발명 특허를 침해하게 된다.

[사례 1] 쿠션팩트

1장에서 이 제품에 대해 설명한 바 있다. 최초 개발 기업에서 넓은 권리를 갖는 특허를 출원하였으나 선행특허에 의해 무효가 되어 후발 업체의 진입을 효과적으로 억제할 수 없었다.

시간이 지난 지금 수많은 제품이 개발되어 판매되고 있는 것을 보면서 역으로 되짚어(retrospective analysis) 시장을 독점하려면 어떠한 특허 포트폴리오를 갖추었어야 했는지 생각해 보고자 한다.

이 제품이 기존 제품에 비해 구분되는 특징은 다공성 폼에 액체를 담지하고 퍼프로 찍어서 얼굴에 바름으로써 손에 묻히지 않을 수 있다는 것이다. 독점할 수 있는 수준을 알아내기 위해 단계별로 살펴보자

개발자 관점의 직관적 권리화 1~5단계에 따라 표의 내용을 검토하였다. 다공성 폼 소재에 대해 넓은 권리를 확보하여 경쟁사로부터 라이선스 수익이 발생하였으나 특허는 무효가 되었다.

쿠션팩트 제품을 선택하는 데 고객들의 핵심 니즈는 다음과 같으며 액체 파운데이션에 대한 고객의 니즈와 겹치는 부분이 많다. 쿠션팩트는 액체 파운데이션과 동일한 기능을 하므로 기본 화장 조성물이 거의 동일할 수밖에 없기 때문이다.

▶ 쿠션팩트 최초 개발 당시 권리화 방안

발명 내용	발명 수준	권리범위·사업 활용	공지 기술	권리확보
• 다공성 폼에 액체를 담지하고, 폼에 압력을 가해 액체를 묻혀 사용	제품의 기본 개념	• 쿠션팩트 제품에 해당 • 쿠션팩트 이외 제품으로도 확대 적용	• 스탬프에 이미 사용 • 화장품 경쟁사 특허에 공지됨	• 불가능
• 기본 개념으로 구성된 화장품이며, 다공성 폼 소재를 폴리우레탄으로 구성	핵심 구성의 소재	• 쿠션팩트 제품 대부분에 해당	• 폴리우레탄 폼을 사용한 화장품에 대한 선행특허 존재	• 폴리우레탄 중 선행특허에 해당하지 않는 것만 특허 출원하여 등록되었으나 무효됨

- 피부에 균일하고 얇게 발려야 함.
- 제품을 반복 사용해도 묻어 나오는 양이 일정해야 함.
- 내용물을 끝까지 쓸 수 있어야 함.
- 잡티가 잘 가려져야 함.
- 화장이 오랜 시간 유지되어야 함.
- 피부가 땅기지 않고 촉촉해야 함.
- 색감이 아름답게 표현되어야 함.
- 노화방지 등 기능성이 보강되어야 함.

그러나 내용물을 구조 내에 담지하고 균일하게 도출시켜야 하는 쿠션팩트 고유의 특성 때문에 기존 액상 제품과 화장 조성액의 농도 등 최적 물성이 다를 수 있으며 다공성 폼의 소재와 물성은 파운데이션 조성물에 특화되어야 한다. 예를 들면 지용성 성분을 포함하는 조성물을 담지하기 위한 다공성 소재의 표면은 소수성이 필요하다. 또한, 다공성 폼의 상부에 있던 조성물이 퍼프로 이동하면 하부의 물질이 그 자리로 이동해야 하는 데 이에 요구되는 모세관력, 원하는 모세관력을 얻기 위한 기공의 직경과 표면의 물성 등을 생각해 볼 수 있다.

다공성 폼의 기공 크기와 소재 표면의 소수성은 파운데이션 조성물의 특성에 맞춰 어떤 범위의 값을 가지며 이에 대해 포괄적으로 권리설계를 할 수 있을 것이다. 이렇게 되면 후발 업체가 제품을 만들 때 반드시 사용해야 하는 범위, 즉 회피설계가 불가능한 기술을 특허 포트폴리오의 코어로 설계할 수 있다.

이러한 기술 포인트를 몇 개 찾아서 병렬적으로 회피가 어려운 특허 장벽을 만들게 되면 시장을 독점하는 데 큰 도움이 될 것이다.

- **권리화 포인트**
  - 조성물의 고형 입자 크기와 함량
  - 조성물의 물성과 연계한 다공성 폼의 기공 크기(범위)

[사례 2] 리튬이온전지

리튬이온전지는 1990년대 중반에 일본의 SONY가 최초 상용화했으며 모바일 제품에 널리 적용되다가 점차 전기차, 로봇 등 중대형제품으로 중심이 옮겨 가면서 시장이 급격히 성장할 것으로 기대되고 있다.

현재 리튬이온전지 시장의 주요 플레이어는 한·중·일의 기업들이다. 최초 제품 개발 기업인 SONY는 2016년 시장 철수를 결정했고 후발 주자인 한국의 3사와 중국 기업들이 대거 시장을 점유하고 있다.

SONY의 특허 포트폴리오 전략은 어떤 문제점이 있었을까? 시장독점을 좀 더 오래 유지할 수 있는 방안은 없었을까? 물론 일본 기업의 시장독점을 바라는 것이 아니다. 만약 우리나라 기업이 리튬이온전지와 같은 제품을 최초 상용화했을 때 시장독점 전략에 참조되기를 바랄 뿐이다.

리튬이온전지 상용화 초기에 아무리 철저한 특허 포트폴리오를 구축했더라도 그것을 기반으로 20여 년이 지난 지금까지 시장을 주도하는 것은 가능하지 않다. 최초 상용화 당시 존재하지 않았던 양극, 음극 소재 등이 개발되어 기술의 변곡점을 여러 번 지나왔기 때문이다. 그러나 특허 포트폴리오를 잘 구축했더라면 유리한 위치에 좀 더 오래 있었을 것이다.

리튬이온전지의 시장 니즈는 다음과 같다.

- 한 번 충전으로 오래 쓸 수 있어야 한다(고용량).

- 작고 가벼워야 한다(고에너지밀도).

- 안전해야 한다(고안전성).

- 빨리 충전할 수 있어야 한다(급속충전).

- 오랜 기간 성능이 유지되어야 한다(장수명).

- 고온·저온 환경에서도 성능이 유지되어야 한다(온도 특성).

상기 시장 니즈는 모두 고객이 제품을 선택하는 데 중요하며 특히 고에너지밀도, 고안전성, 장수명이 핵심 니즈이다. 각 니즈를 달성하는 데 관여하는 기술요소는 양극활물질, 음극활물질, 전해액, 분리막, 금속박막(집전체), 외장재, 안전부품 등이다. 그중에서도 양극활물질, 음극활물질에 따라 전지 성능이 크게 좌우되고 적합한 전해액도 달라진다.

▶ '수요자 관점'의 특허 출원 아이디어 우선순위 선정 과정 사례(리튬이온 2차전지) 도식화

1 시장에서 제품을 선택하는 핵심 니즈	2-1 핵심 니즈 달성에 필요한 기술 요소	3-1 기술요소 독점 가능성	2-2 상호 의존적 기술요소	3-2 기술요소 독점 가능성	3-3 권리화 추진 우선순위
고에너지밀도	양극활물질	X	양극 - 음극	X	
고안전성	음극활물질	?	양극 - 전해질	?	
장수명	전해액(용매)	?	음극 - 전해질	O	1
급속충전	분리막	?	음극 - 첨가제		
온도 특성	집전체	X		X	
저가격	외장재	X		X	
	바인더	?			2
	도전재	X			
	첨가제	?			
	안전 부품	X			
	제조기술	X			

그림의 2-1 기술요소들 중 최초 상용화 시점에서 기술독점을 할 수 있는

특허 확보 가능성이 명확한 것은 없다. 리튬이온전지의 중요 물질은 이미 다른 연구자들에 의해 알려졌으므로 물질과 제품에 대한 원천 특허를 최초 상용화 기업이 주장할 수는 없었다. 당시 주요 물질에 대한 개발 현황은 아래와 같다.

- 양극활물질: 상용화 시점 한참 전에 노벨상 수상자인 존 구디너프 교수가 황화물 대신 산화물을 사용하였으므로 최초 상용화 기업은 산화물 중 특정 조성의 물질에 대해서 특허가 확보가 가능했다.
- 음극활물질: 요시노 아키라 박사가 음극에 리튬금속 대신 탄소를 사용한 기술을 개발했으므로 다양한 탄소 음극활물질에 대한 원천특허 확보는 불가능했다. 탄소의 물성·구조에 따라 몇 가지로 구분하여 특허를 확보할 수는 있었을 것이다.
- 전해질: 활물질 특히 음극활물질에 따라 최적 전해질 구성이 제안되었다.

물질이 알려져 있으므로 권리장벽을 만들려면 작은 단위로 쪼개어 진입경로를 막아야 한다. 예를 들어 양극활물질은 리튬전이금속산화물계로 넓게 주장하는 것이 불가능하므로 전이금속의 종류, 비율을 달리하여 특허를 확보해야 한다. 이는 비용이 많이 들고 어렵다.

제품의 기술요소가 상호의존적이라면 다른 방법을 생각해 볼 수 있다. 전지의 기술요소는 서로 상호 의존적이다. 어떤 음극활물질의 용량이 가장 좋다고 할 수도 있으나 이것과 맞는 전해액과 구성되었을 때, 양극활물질과 구성되었을 때 우수한 전지 성능을 나타낸다. 따라서 2-2단계를 추가하여 전지의 성능에 상호 영향을 크게 미치는 기술요소의 조합을 도출하였다. 기술요소를 조합하면 두 가지 기술요소 각각은 세분화 정도를 크게 하지 않고 몇 가지 경우로 나누어도 단일 기술요소일 때보다 등록 가능성이 높다.

3-2단계에서 가장 적합한 선택은 '음극활물질-전해액'으로 생각된다. 최초 상용화 시점에서 비정질 탄소와 결정질 탄소는 모두 알려진 음극 후보 물질이었고 상반되는 장단점이 있었다.

상용화 초기에 음극활물질로 비정질 흑연이 사용되었으며 PC(propylene carbonate)가 이에 적합한 고이온 전도성 전해액이었으므로 SONY는 음극 활물질에 최적인 전해액 조성에 관한 특허들을 다수 출원했다. 그러나 얼마 지나지 않아 결정질 카본(흑연)을 사용하는 쪽으로 기술이 이동했으며 후발 업체들이 흑연과 EC(ethylene carbonate) 전해액에 관한 특허를 확보하여 SONY의 기술을 우회하였다.

장점이 분명한 기술을 선정하여 빨리 제품을 개발하는 미션이 있었겠지만 가능성이 있는 2가지 모두에 대해 특허장벽을 구축했더라면 후발 기업의 시장진입을 한동안 막을 수 있었을 것이다. 그렇다면 지금과는 다른 경쟁 생태계가 되었을지도 모른다.

그러나 선도 기업이 상용화 초기에 시장독점이 가능한 특허 포트폴리오를 확보했더라도 20여 년이 지난 지금까지 시장을 지키는 것은 매우 어려웠을 것으로 생각된다. 리튬이온전지는 거의 동등한 중요도를 가지는 물질, 회로, 부품 등 여러 기술로 구성되어 있으며 기술이 크게 바뀌는 변곡

점이 수차례 있었으므로 후발 기업들이 중요한 특허를 확보하여 불리한 위

치를 벗어날 기회를 만들 수 있었기 때문이다.

[사례 3] 양자점 인공원자 설계 기술 –
혁신적 소재·부품 초기 연구

커다란 기술적 진보가 예상되는 소재·부품 기술은 코어 특허 설계가 특히 중요하고 어렵다. 어떤 설계가 사업화가 될지 기술 발전 경로에 불확실성이 높은 반면, 소수의 특허로 기술을 독점할 수 있는 가능성이 있다.

혁신적인 기술의 선도적 개발은 해결해야 할 난제가 많다. 그 기술의 상용화에 가장 걸림돌이 되는 근본적이고 중요한 것이 '큰 돌'을 찾는 열쇠이며 그것을 구현하는 기술을 독점할 수 있는 특허가 '큰 돌'이다.[55]

양자점 인공원자 설계 기술은 디스플레이, 태양전지, 압전 소자 등 다양한 분야에 적용될 수 있으며 몇몇 선도 기관들이 연구개발을 하고 있다. 현재 물질 연구 초기 단계이며 응용연구, 상용화 기술 개발 단계를 거쳐 제품화될 것이다.

물질 연구 단계에서 해결해야 할 근본적인 문제 해결 기술과 성능 향상 기술이 중요한 코어 특허가 될 수 있으므로 이에 집중하는 것이 바람직하다.

---

55 1장에서 기술 성숙 단계와 1발명의 크기를 물길과 돌의 크기로 비유한 것을 기억할 것이다. 상류에서는 물길의 폭과 깊이가 작은 반면 큰 돌들이 있어 한두 개의 돌로 물길을 막을 수 있었다.

또한 물질 연구가 완성된 이후 단계에서도 응용 제품에 특화된 기술, 양
산성을 높이는 기술에서 원천특허 또는 길목특허를 확보할 수 있으므로
코어 특허를 확보할 가능성이 있는 중요한 기술 이슈가 도출되었다.

▶ 혁신 소재 연구의 단계와 중점 사항 사례

Phase 1	Phase 2	Phase 3
Material research	Application technology development	Commercialization technology development

근본 문제 해결	소재 기술 상용화에 반드시 해결해야 하는 문제점에 관한 특허
소재 성능 개선	소재 기술의 성능·효과를 더욱 향상시키는 기술에 관한 특허
응용 제품 특화 기술	주요 응용 제품에 적용하기 위한 특허
공정·장치 기술	
저가 소재 기술	

▶ 혁신 소재 연구의 단계별 출원 집중 기술 선정 표

구분	각 단계의 중요 기술	기술중요도	핵심 역량 적합성	출원 집중 기술
근본적 문제 해결 기술	• 반응경로 설계 및 제어			
	• 소재 표면 미세 제어			
	• 코어 물질 안정화			
	• 물질 설계 속도 향상			
	• 입자 적층 공정 개발			
소재 성능 개선 기술	• 캐리어 이동도 향상 기술			
	• 에너지 준위 설계 기술			
	• 발광 효율 향상 기술			
	• 표면 안정화			
중요 응용 제품 기술	• 광전			
	• 전광			
	• 광광(파장변환)			
	• 압전			
상용화 기술	• 저가 소재			
	• 양산 공정 기술			

도출된 기술은 모두 중요하나 이에 대해 모두 코어 특허를 확보하는 것은 자원 투입의 한계 등으로 불가능하다고 판단하였다. 기술의 중요성과 연구단의 핵심역량과 매칭되는지에 대해 5단계 평가하여 아래 그래프의 오른쪽 상단에 위치하는 기술이 선정되었다.

▶ **기술중요도와 핵심 역량 적합성 관점의 출원 집중 기술 도식화**

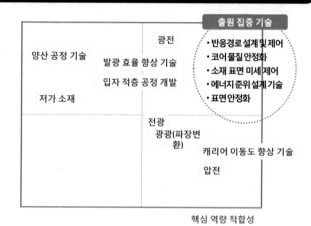

[참고] 대형 연구단

대형 연구단은 하나의 큰 주제 아래 다양한 세부 과제가 진행되며 모든 과제에 고르게 예산을 배분하여 출원하는 경우가 대부분이다.

그런데 과제마다 기술이전의 가능성이 상당히 다르고 특허 예산도 제한적이다. 수년 이내 상당한 기술이전 실적을 원하는 연구단은 특허 출원 예산을 배분할 때 기술이전 가능성이 높은 과제에 선택과 집중을 해야 한다.[56] **코어 특허를 설계하기 전에 기술이전 관점의 '코어 과제'를 정하는 것이 필요하다.**

기술이전 관점의 코어 과제는 '기술의 우수성' 관점으로 정할 수 없다. 철저하게 시장 관점에서 하기 사항을 고려해서 특허 출원을 집중할 과제를 정한다.

- 시장의 성장성(규모)
- 수요기업 유무
- 연구의 내용과 수요기업들의 당면 과제와 정합성

---

56 기초 연구가 중요하지 않다는 것이 아니다. 국가의 경쟁력에도 중대한 영향을 미치며 원천특허를 확보할 가능성도 있다. 그러나 상용화에 오랜 시간이 걸려 특허권을 활용하지 못하거나 기간이 매우 짧을 수도 있으며 상용화가 되지 않아 특허권을 활용할 기회가 없을 수도 있다.

전략 없이 출원된 특허는 기술의 우수성에 비해 기업의 관심을 끌 만한 것이 별로 없을 가능성이 높다. 어떤 연구는 산업의 사업화 방향과 다르며, 우수한 논문을 특허로 옮긴다고 좋은 특허가 만들어지는 것이 아니기 때문이다.

경쟁 환경에서 활용도 높은
코어 특허 도출하기

좋은 특허는 기술이 고도한 것이 아니라 시장에서 쓰이는 것이다. 대부분의 기업이 제품에 적용하기를 원하는 특허 기술은 특허권자에게 커다란 경쟁력을 부여한다.

이미 치열한 경쟁 환경에 있으며, 힘의 균형 또는 우위를 점하고자 하는 것이 목표일 때 확보해야 할 특허 포트폴리오는 '널리 사용될 기술' 또는 '상대방의 기술·제품'에 집중해야 한다. 나만의 독자적인 기술에 대한 특허 포트폴리오 전략은 앞서 설명한 **최초 개발 기술·제품으로 시장을 독점하기**를 따르면 된다.

치열한 경쟁 환경에 있다고 함은 특허 소송이 빈번하고 특허 소송에 의해 비즈니스가 타격을 받는 것이 우려되거나 특허 소송을 제기하여 경쟁자를 압박해야 하는 상황이다. 공격이든 방어든 상대방에게 영향력을 행사하려면 상대방이 침해하는 특허를 가지고 있어야 한다. 내가 상대방의 특허를 침해하는 데 나만 사용하는 기술에 대한 독자적인 특허를 가지고 있는 것은 도움이 되지 않는다. 상대방의 특허 소송에 맞서 교섭력을 가지려면 상대방을 움찔하게 만들 수 있는 특허가 있어야 한다. 즉, 상대방이 사용하는 기술에 대한 특허를 확보해야 한다는 의미이다.

이러한 분석과 목표가 설정되는 시점에서 상대방의 기술·제품에 대한 특허를 만들기는 매우 어렵다. 이미 공지 기술이기 때문이다. 따라서 이 전략은 미래 지향적인 것이다. 상대방이 가까운 미래에 사용할 가능성이 높은 기술을 찾아 권리를 선점하는 것이다. 미래에 사용할 가능성이 높은 기술을 찾아내려면 시장을 보아야 한다. 제품은 시장·고객의 니즈를 반영하기 마련이다. 한편 상대방의 비즈니스 전략을 읽어야 한다. 범용적으로 업계 누구나 사용하는 기술도 있지만 특허소송을 제기할 가능성이 높은 경쟁자만 사용하는 독특한 기술도 있다.

널리 사용될 수 있는 특허를 만들려면 좋은 발명을 찾기보다 문제점·니즈를 발견하는 데 집중해야 한다. 문제를 찾는 것이 해결책을 찾는 것보다 어렵고 중요하다.

경쟁자가 침해할 가능성이 높은, 즉 경쟁환경에서 무기로 사용할 수 있는 코어 특허를 만드는 방법을 살펴보자. 다음의 ①, ②는 업계에 널리 영향력을 행사할 수 있는 발명을 찾기 위한 것이고 ③은 특정 기업을 압박하기 위한 것이다.

① 문제점 도출
② 변화 감지하기 - 기술의 변곡점·시장 니즈의 변곡점

③ 경쟁자의 개발전략 읽기

문제점 도출

불가능, 비효율, 불편함을 야기하는 문제점을 해결할 수 있다면 그 기술은 강력한 무기가 된다. 실제로 새롭고 고도한 기술을 찾는 것보다 핵심 문제점이 무엇인지 파악하는 것이 좋은 특허를 만드는 데 중요하다.

이러한 문제점은 해당산업 관계자들이 대부분 알고 있으나 해결 방안이 지금까지 없었던 것도 있고 아직 인지하지 못한 것도 있다. 대부분 알고 있으며 오래된 문제점은 현재의 기술로 해결되지 않을 가능성이 높다. 반면 남들이 인지하지 못하고 있는 중요한 문제점을 찾는 것은 그 자체가 도전이므로 새로운 접근이 필요하다.

제품이 만들어져서 폐기되는 전주기의 각 단계를 분석한다. 재료 확보, 평가에서부터 생산, 포장, 품질평가, 운반, 진열, 구매, 사용, 보관, 폐기 등의 단계로 세분화하여 각 단계의 사용자가 느끼는 문제점을 찾아보면 제품 자체만을 생각할 때는 인식하지 못했던 문제점이 발견될 수 있다. 문제점은 고객의 니즈와 연결된다. 발견된 문제점을 해결하는 기술은 경쟁자들도 채택할 가능성이 높다.

[사례 4] 콘택트렌즈

다음은 저자의 책 『특허에서 혁신을 꺼내다』에서도 소개한 콘택트렌즈의 경우이다. 콘택트렌즈의 가장 중요한 항목은 함습율, 산소투과율 등이므로 이것을 향상시키는 데 집중하여 제품을 개발한다. 제품 전 주기를 세분화하고 각 단계의 사용자 입장에서 경험하는 불편함을 찾아보면 업계의 경쟁자들이 모두 탐낼 만한 제품 개선 아이디어를 얻을 수 있다. 이것을 특허로 만들면 경쟁상황에서 공격 또는 방어의 협상카드로 사용할 수 있다.

다음 그림은 콘택트렌즈의 제품 전 주기 분석이다. 원료의 합성, 성형, 멸균, 포장, 배송, 착용, 제거, 폐기 등으로 세분화하여 살펴봄으로써 제품의 가치와 관련된 중요한 문제를 찾을 수 있었다.

▶ 제품의 생산에서 폐기에 이르는 모든 단계의 가치 향상 방안 도출 사례

제품 생애 단계	세부 공정	문제점 & 가치 향상 위한 개선	R&D 방향
원료 합성			
원료 배합			
몰드 성형			
중합			
분리			
수화			
멸균·포장			
배송			
눈에 삽입	• 케이스 개봉 후 손가락에 렌즈를 올리고 안구에 밀어 넣음	• **렌즈를 뒤집어 착용하거나 좌우를 바꿔서 착용** • 착용 과정 중 손가락에서 렌즈 떨어짐 • 눈을 깜박여서 렌즈가 삽입되지 않음	• 뒤집어 착용 가능한 렌즈 렌즈의 **좌우를 시각적으로 분명하게 구분**
착용		• 눈 충혈, 건조	• 산소투과도, 함수율 등 핵심적인 물성 관련 사항으로 이미 연구개발 진행 중
눈에서 제거	• 엄지와 검지로 렌즈 표면을 잡고 떼어냄	• 렌즈를 제거할 때 렌즈가 안구 표면에 밀착하여 잘 떨어지지 않음(눈에서 잘 떨어지게 만들면 형태 유지가 잘 되지 않아 착용하기 어려움)	• 렌즈 **착용 전후 물성 변화**
보관			
폐기			

변화 감지하기
- 기술의 변곡점 · 시장 니즈의 변곡점

변화 지점에서는 경쟁의 규칙이 바뀌고 기회와 위험이 발생한다. 특허 포트폴리오 관점에서 볼 때, 변화는 경쟁자들에게 영향력을 행사할 코어 특허를 확보할 수 있는 기회이다.

첫 번째로 주목해야 할 변화는 기술에서 찾을 수 있다. 기술의 변곡점이다. 새로운 기술에 대한 강력한 특허를 만들 수 있으며 이러한 기회는 선도 기업과 후발 기업에 공평하게 주어진다. 가까운 미래에 발생할 기술의 변곡점을 예측하여 중요 권리를 선점함으로써 경쟁에서 유리한 위치를 차지할 수 있다.[57]

기술의 변곡점이 지나면 대부분 이를 알고 조치를 취한다. 따라서 남들보다 먼저 기술의 변곡점을 알아내는 것이 중요하다. 대상 기술 자체의 변화뿐 아니라 그 기술의 변화에 영향을 주는 주변 요인에도 주목해야 한다.

---

[57] 너무 먼 미래에 관한 예측은 정확도가 낮고, 당면한 문제를 해결하는 데 활용할 수 없다.

장치 기술, 소재 기술, 측정 기술 등의 한계로 현재의 제품 스펙이 정해졌으나 요소 기술이 발전하여 도입된다면 차별화된 기술 구성을 가지며 시장에서 선호하는 특성을 구현할 수 있다. 또한, 기술 시스템의 발전을 막고 있던 규제 등의 환경 요인이 변화하기도 한다.

두 번째, 시장 니즈의 변화도 강력한 코어 특허를 확보할 수 있는 좋은 기회를 제공한다. 요소 기술의 근본적인 변화 없이도 시장 니즈에 맞춰 제품이 달라지고 이에 대한 좋은 특허를 설계할 수 있다.[58]

남들이 아직 인지하지 못하는 시장 니즈의 변화를 찾는 것은 어려운 일이나, 미래의 환경 변화를 분석하여 시장의 새로운 니즈도 그려 볼 수 있다.

'기술의 변곡점'에서 찾아낸 기술 변화는 대체로 특허로 연결하기 용이하다. 그러나 환경의 변화로부터 제품에 대한 새로운 니즈를 찾는 것은 상당한 상상력이 필요하다. 우리를 둘러싼 정치, 경제, 사회, 기술의 거시적 변화로 제품 사용 환경이 달라지는 점이 무엇이며 이로 인해 어떤 새로운 니즈가 발생할지 구체화하는 것이다. 니즈가 도출되면 이것을 구현하는 기술 방안을 찾아본다.

기술과 시장의 변곡점, 변화 요인과 변화 내용을 알아내는 데 체계적

---

58 이미 존재하고 있으나 표면화되지 않은 니즈를 찾는 것도 유용하다.

인 프레임을 활용하는 것이 도움이 된다. 제품 자체뿐 아니라 주변의 기술 시스템과 환경을 세심히 살펴보는 멀티스크린 분석이 유용하다.

멀티스크린 분석으로 대상 기술의 상위 시스템과 하위 시스템들의 미래 변화를 도출할 수 있다. 상위 시스템(super system)은 대상 기술이 적용되는 응용 제품, 인프라, 규제 등이고 하위 시스템(sub system)은 대상 기술을 구성하는 부품, 소재, 제조 방법 등이 된다.

이들이 과거, 현재, 가까운 미래, 먼 미래에 어떠한 변화를 겪게 될지 구체화하면 대상 제품에만 집중하여 찾을 때 보이지 않던 여러 레벨의 변곡점을 찾을 수 있다. 미래 시점은 특허를 확보하여 활용하고자 하는 너무 멀지 않은 지점이 적합하다.

▶ 멀티스크린(Multi- screen) 분석 개념도

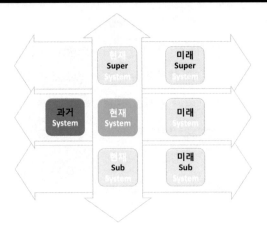

하위 시스템(sub system)과 상위 시스템(super system)의 응용 제품, 사용환경 분석은 대상 기술·제품마다 알맞은 분석을 해야 하지만, 거시환경 분석은 우리를 둘러싼 환경의 변화이므로 대상 제품마다 새롭게 분석하지 않아도 된다. 미래학자나 주요 기관의 미래전망 시나리오 등을 참조할 수도 있다. 거시환경에서 기술은 대상 제품에 관한 것이 아니라 여러 산업의 트렌드를 바꿀 만한 영향력이 있는 것을 말한다. 예를 들면 제조 혁명을 불러온 3D 프린팅 기술, 그래핀 등 새로운 소재 기술, 삶의 방식을 바꾸는 무선 충전 기술 등이다.

▶ 거시환경분석(PEST)과 제품의 멀티스크린 분석을 결합한 분석 프레임

		과거	현재	미래
Super system C (거시 환경)	Politics(규제, 지원 등)			
	Economics(경제)			
	Social(사회, 문화)			
	Technology(기술)			
Super system B (사용 환경)	환경 1			
	환경 2			
	환경 3			
Super system A (응용 제품)	제품 1			
	제품 2			
System(관심 기술·제품)				
Sub system a (요소 기술)	기술 1			
	기술 2			
	기술 3			
Sub system b	소재			
	제조 방법			
	장치			
	구동 원리			

[사례 5] 흑연서셉터(susceptor)

2010년대 초반 LED용 에피웨이퍼 제작에 사용되는 흑연서셉터를 개발하는 A 기업의 사례이다.

흑연서셉터는 사파이어 웨이퍼를 지지하는 플레이트로 1~3개월마다 교체하는 고가의 소모품이다. 당시 흑연서셉터 시장은 선도 기업 2개가 전세계 시장의 90%를 점유하고 있었으며 A 기업은 시장 진입을 노리는 후발주자였다.

▶ LED용 흑연서셉터 제품

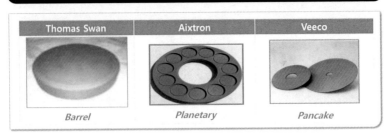

Thomas Swan / Aixtron / Veeco

Barrel / *Planetary* / *Pancake*

제품의 설계에 관한 여러 선도 기업의 특허들이 이미 있었고 A사가 개량특허를 출원하기엔 제조 공정의 문제점 파악이 피상적이고 외형 설계를 개량해야 할 부분을 찾기도 어려웠다.

A사는 흑연서셉터에 대한 개량 아이디어를 찾기 위해 흑연세셉터 사업

환경을 분석하여 가까운 미래에 요구되는 새로운 니즈를 찾기로 했다. 아래의 멀티스크린 분석으로 칩이 사용되는 LED, LED가 사용되는 응용 제품, 제조장비와 웨이퍼를 만드는 에피택셜 기술의 변화를 예측하고 '대형화'라는 키워드를 도출하였다.

▶ **흑연서셉터 제품의 멀티스크린 분석 사례**

Super system	Application	모바일 제품	디스플레이용 LCD BLU	디스플레이용 LCD BLU 통신 분야	대형 LCD BLU 바이오 분야
Super system	LED			에너지절감형 160lm·W IT 융합용	200lm·W Monoclinic LED
Super system	에피택셜 기술	2인치	4인치	6인치 양자효율 향상 (청색 90%, 녹색 30%) ZnO-GaN 에피택셜 기술 고농도 AI 포함 AlGaN 에피택셜 기술	8인치 8인치 에피택셜 기술 GaN 에피택셜 기술 Deep UV 상용화 에피택셜 기술
Super system	장비			대구경, 자동화	대구경, 자동화
		과거	현재	미래 1 (2~3년)	미래 2 (3년~)

대형화는 업계 전문가가 인정하는 변화의 방향이었으며 단순히 제품을 크게 만들면 되는 것이 아니라 대형화로 초래되는 여러 가지 문제를 해결해야 했다.

흑연서셉터에 요구되는 특성들에 대해 제품이 대형화됨으로써 심화되는 기술적인 문제를 구체화했다. 휘어짐, 온도 불균일, 저항 불균일을 가장 해결이 시급한 문제로 도출하여 이를 해결하는 출원 아이디어를 집중적으로 확보할 수 있었다.

이러한 문제점은 선도 기업 또한 직면하게 될 것이므로 선도 기업이 특허분쟁을 제기할 때 A사는 대형화 문제점을 해결하는 특허를 전략적으로 활용할 수 있다.

▶ 흑연서셉터의 대형화 추세에 따라 심화되는 문제점 도출

요구 특성		현재	대형화로 인한 문제점
최적 형상		다수의 satellite	최적 형태
회전		공기로 공전, 자전	공기압이 강해질 때 문제 발생
휘어짐 방지		휘어지는 문제 있음	휘어짐 심화
회전하는 서셉터 지지		점접촉으로 하중 지지	하중 증가로 현재 방식 문제
균일성	온도	비교적 균일	온도 불균일 심화
	전기저항	비교적 균일	전기저항 불균일 심화
	코팅 두께	균일	두께 편차 발생

경쟁자의
개발전략 읽기

내 특허의 기술이 매력적이어서 상대방이 사용하고 있어야 특허권을 행사할 수 있다고 강조한 바 있다. 만약 상대방은 내 특허의 기술을 전혀 사용하지 않는데 나는 상대방의 특허 기술을 사용한다면, 나는 특허소송을 당하지만 상대방을 공격할 수 없다.

▶ 특허권 행사 관점의 나의 고유 기술, 공통 기술, 경쟁자의 고유 기술

나의 고유 기술

공통 기술　선진사·경쟁사의 고유 기술

A　**B**　**C**

- 상대방과 구분되는 고유 기술, 새롭게 개발한 기술
- 상대방이 관심이 없으면 특허권을 행사할 기회가 없음

- 상대방과 공유하는 기술
- 개량 기술이 개발되면 상대방도 채용할 가능성이 높고, 이에 대한 특허는 상대방에 권리를 주장할 수 있음

- 상대방의 고유한 기술
- 나의 기술과 다르므로 특허 확보가 어려우나 확보한다면 상대방에 영향력 행사할 수 있음

예를 들면 이런 경우이다. 형광체 물질을 오랫동안 개발한 일본 기업

A사는 x, y, z에 대한 넓은 특허권을 가지고 있다. 업력이 짧은 B사는 여러 형광체 중 x 물질을 개량하여 x'에 대한 특허를 확보하고 제품도 생산하고 있다. x'는 A사가 가지고 있는 x 물질에 대한 특허권에 포함된다. 이때 A사는 B사에 특허 침해를 주장할 수 있다. 반면, A사는 y 물질만 생산하고 있고 B사는 y에 대한 특허가 전혀 없다.

▶ 특허 기술과 제품에 적용된 기술이 다른 상황에서 특허권 행사 관계 I

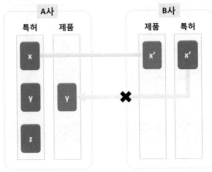

B사에게 필요한 특허는 A사를 공격할 수 있는 y 물질에 대한 특허이다. 그런데 이미 판매하고 있는 제품 y에 대한 특허권 확보는 불가능하고 B사의 개발전략으로 볼 때 차세대 제품 y'에 대한 특허를 확보해야 A사의 특허소송에 대항할 수 있게 된다. B사는 A사를 공격할 특허가 가장 필요하므로 y'에 대한 특허 확보를 최우선에 두어야 한다.[59]

---

59 B사도 A사를 공격할 수 있는 특허를 확보하면 A사가 제기한 소송에서 협상력을 가질 수 있다. 그러나 전략적 판단에 의해 A사를 공격할 특허 개발보다 기술료를 지불하고 라이선스를 받을 수도 있다.

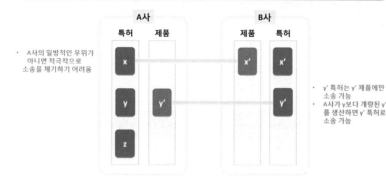

▶ 특허 기술과 제품에 적용된 기술이 다른 상황에서 특허권 행사 관계 II

A사의 일방적인 우위가
아니면 적극적으로
소송을 제기하기 어려움

· y′ 특허는 y′ 제품에만
  소송 가능
· A사가 y보다 개량된 y′
  를 생산하면 y′ 특허로
  소송 가능

이때, B사는 A사의 차세대 제품을 추측하고 관련 특허를 개발해야 한다. 차세대 제품 개발전략은 그 기업의 특허에 반영된다. 그러나 모든 특허 기술이 제품으로 반영되는 것은 아니다. 병렬적으로 개발하는 기술 중 우수한 것은 연구가 계속되지만 성능 부족이나 전략적 판단으로 중단되는 기술도 많다. 따라서 1회성 특허 출원으로 그치지 않고 계속해서 연구되고 있는 기술이 제품에 반영될 가능성이 높다.

A사가 계속 개발하는 기술, 해결해야 할 문제점 등을 파악하고 이것을 고도화하면 성능, 경제성 등이 향상될 것이므로 제품의 경쟁력을 높이기 위해 A사도 채택하게 된다. B사는 A사의 차세대 제품을 공격할 특허를 확보하면서 자연스럽게 제품의 스펙트럼을 y로 확장할 수 있다.

그러나 B사 입장에서 자기는 생산하지도 않는 A사의 차세대 제품에 대한 특허를 확보하는 것은 상당히 어렵다. 그렇다면 x, y, z에 공통적으로 사용되는 기술에 집중해 보는 것도 좋다. 예를 들어 x, y, z가 다른 계열 물질이지만 신뢰성을 향상시키는 코팅 기술은 다른 종류의 물질에 모두 적용될 수 있으며, 화장품의 내용물은 달라도 편의성을 높인 용기는 여러 제품에 적용될 수 있다.

▶ 특허 기술과 제품에 적용된 기술이 다른 상황에서 특허권 행사 관계 III

긴장감이 높은 경쟁자에 협상 카드로 활용하기 위한 특허 확보는 상대방의 개발전략 파악이 1순위이다. 상대방의 개발전략은 '어떤 특정의 제품' 정도가 아니라 적용되는 기술, 개선하고자 하는 성능 등 상세한 기술 정보를 파악해야 한다. 특허는 이에 대한 가장 유용한 정보를 제공한다.

상대방의 개발전략을 파악하는 구체적인 방법은 저자의 2018년 저서 『특허에서 혁신을 꺼내자』에서 설명하였으며 간략히 정리하면 다음과 같다.

- 개발 목적 vs. 해결 수단 분석: 경쟁자 특허에서 발명이 향상시키고자 하는 또는 해결하고자 하는 사항을 '개발 목적'에, 이것을 구현하기 위한 기술 방안을 해결 수단으로 정리한다. 다양한 개발 목적, 해결 수단이 특허에 나타나는 빈도와 연도별 트렌드 등을 분석하여 경쟁자의 기술 개발전략을 파악한다.

- 핵심 기술요소의 개발 방향: 물질, 조성, 규격, 제조공정 등 찾고자 하는 기술요소를 정의하고 경쟁자의 특허 명세서 전체, 특허 실시예에서 해당 기술요소의 설곗값을 찾는다.

- 제품에 반영될 가능성이 높은 기술: 1회 출원으로 단절되지 않고 관련 기술을 경쟁자가 지속적으로 출원하는 기술, 해외출원이 많은 특허의 기술을 찾는다.

[사례 6] LED 형광체

　LED 형광체 업계는 특허분쟁이 빈번하고 특허 없이는 형광체를 개발하여 판매하는 것이 불가능하다. 새로운 형광체 개발은 기술 난이도가 매우 높으며 선도 기업들이 유망한 물질에 대해 수많은 특허를 출원하여 후발 기업이 특허 문제가 없는 새로운 물질을 개발하는 것이 매우 어렵다.

　후발 기업 A사는 선도 기업들의 특허를 분석하여 권리범위를 벗어나는 신규 물질을 찾아 이들에 대한 특허를 출원하고 있었다. 문제는 새롭게 개발한 물질들이 성능과 가격 면에서 현재의 것보다 경쟁력이 낮기 때문에 A사도 경쟁사도 사용할 가능성이 거의 없다는 것이다. 즉, A사의 특허 포트폴리오는 사업전략과 분리되어 진행되고 있어 사업에 기여할 수가 없었다.[60]

　현재 시장의 물질들이 상당 기간 시장을 주도할 것으로 보이며 A사가 판매하는 제품은 B사와 특허분쟁 우려가 크다. 사업전략과의 정합성을 고려하면 A사는 B사와의 특허분쟁을 억제하고 피해를 최소화하는 것을 최우선으로 해야 한다. 즉, B사 제품에 사용되거나 사용될 기술에 관한 특허가

60　경쟁자의 제품범위를 벗어나는 특허를 가지고 있는 것 자체로는 아무것도 달라지지 않는다. 내가 특허를 가지고 있건 없건 상관없이 경쟁자의 특허는 나의 제품을 공격할 수 있다.

필요하다.

B사가 사용할 만한 특허를 등록시키기 위해서는 B사의 물질 특징을 파악하고, 그 물질의 개량 방향을 찾아 개량된 물성을 구현하는 기술을 제시해야 한다. 즉 새로운 물질이 아니라 B사의 물질에 대한 개량특허를 만드는 것이다.

우선, 특허로부터 B사의 기술 특징과 개발전략을 분석했다. B사의 물질은 2가지 특징이 있었다.

- 할로겐 원소를 도입
- Al 일부를 Si로 치환

공개된 B사 물질 자체에 대해서는 특허등록이 불가능하므로 B사가 물질을 개량할 방안을 알아야 했다. 먼저 형광체 특허로부터 개량된 물질을 나타내는 성능지표 항목들을 찾아보았다.

- 발광강도 변화율
- X-ray 피크
- 발광피크, 파장범위 및 반값 폭
- 결정상
- Median 직경
- 물체색

그다음, 물질의 개선된 성능을 구현하는 방법을 알아내기 위해 A사의 제품 개발공정을 아래와 같이 단계별로 분석하였다. 물질의 미세구조와 물성에 영향을 주는 공정단계와 조건을 도출할 수 있었다.

▶ 형광체 소재의 성능 향상에 기여하는 공정 기술 도출 프레임

Process		Characteristics			Breakthrough point
		Physical	Chemical	Optical	
Raw material	원재료의 입도				
	Morphology				
Flux	Flux				
	2가지 이상의 flux 사용				
Mixing	균일 혼합				
Annealing	도가니 크기, 무게 및 혼합물 잠입량				
Grinding	분쇄 시간, ball 크기				
Washing	초음파 사용				
	산 처리				
Product	형광체				
	혼합 형광체				
Cost down	Functional group				
	배합비				

종합하면, B사의 물질 특징을 찾고 그 물질의 물성을 나타낼 성능지표를 찾았으며 타깃 물성을 개량할 수 있는 세부 기술을 찾아 이를 종합하여 코어 특허를 설계하였다.

B사 기술 특징 (from B사 특허)		형광체 물질 특성 항목 (from 형광제 물질 특허)		물성을 개선하는 공정 기술 (from A사 공정 기술)
• 할로겐 원소를 도입 • Al 일부를 Si로 치환		• 발광강도 변화율(온도) • X-ray 피크 • 발광피크, 파장범위 및 반치폭 • 결정상 • Median 직경 • 물체색		• Flux 혼합 • 형광체 혼합(혼합비)

5장

특허 포트폴리오 강화설계

- 코어 특허의 한계 인식
- 지역의 균형
- 기술의 균형 - 특허 포트폴리오의 몸집 키우기
- 시간의 균형
- 특허 포트폴리오 전략 보완
- 특허 포트폴리오 강화의 걸림돌, 예산!
- 예산의 한계를 극복하는 '슈퍼' 특허전략 - 우선권주장출원 제도 활용

특허의 출원, 심사, 등록, 유지,
해외권리 확보 비용을 고려하면
몇몇 코어 특허만으로도 버거울 수 있다.
그러나 예상하지 못하게
믿었던 특허가 무효되거나
시장의 변화로 코어 특허가 무용지물이 되기도 하며
'규모'에 의한 협상력도 상당하므로
특허 포트폴리오를 강화하는 노력이 필요하다.

코어 특허의
한계 인식

　우수한 몇몇 코어 특허만으로 비즈니스를 충분히 보호할 수 없는 경우가 많다. 믿었던 특허가 등록 무효가 될 수 있고, 자본력을 앞세운 대기업의 소송 공세에 굴복할 수도 있다. 더 좋은 기술이 나타나 코어 특허의 가치가 낮아지기도 한다.

　특허 포트폴리오는 환경의 변화와 위험에도 견고해야 하며 코어 특허와 주변 특허가 같이 있을 때 활용 가치가 더욱 상승하므로 특허 포트폴리오의 규모와 기술·지역·시간의 균형도 고려해야 한다.

　'기술의 균형'은 제품을 구성하는 기술들에 대한 특허 출원의 균형이다. 중요한 기술에 대한 특허를 확보했는지 부족하거나 과하지 않은지 검토하고 보완해야 한다. 기술의 균형을 검토할 세부 기술의 구분은 산업, 제품, 기업에 따라 달라져야 하며, 외부 환경과 내부 자원을 잘 분석하고 사업전략이 명확할수록 기술 구분이 용이하다.

　소재·부품·장치 등 기술의 내용에 따라 구분하는 것 외에도 혁신의 정도나 기업의 핵심역량 관련도에 따라 나누어 균형을 살펴볼 수도 있다.

'지역의 균형'은 특허권을 확보한(할) 지역이 기업의 주요 시장과 일치하는지 살펴보는 것이다. 주요 시장에 특허를 확보하지 못하는 것은 시장을 알지 못하거나 실수 때문이 아니라 투입자원의 한계가 원인인 경우가 많다. 자원이 충분하면 주요 시장에 모두 권리를 확보할 수 있으나 그렇지 않다면 아래 3가지 경우 중 선택해야 한다. 어떤 전략을 택할지 여부는 산업의 특징과 기업의 사업전략에 따라 달라진다.

- 주요 기술에 대해 고르게 국내 특허를 확보하고 극히 일부를 골라 해외 주요국에 출원할 것인가?
- 주요 기술 중에서도 더욱 중요한 기술을 골라 주요 시장에 특허를 확보할 것인가?
- 주요 시장 중에서도 가장 시장 규모가 큰 지역에 집중할 것인가?

'시간의 균형'이 깨지는 것은 특허권이 존속되는 기간의 한계 때문이다. 대개 중요한 기술이 개발되는 시점에 특허 출원이 집중되며 상용화까지 상당한 기간이 소요되어 사업이 한창 번창하는 가운데 대부분의 특허권이 만료되는 경우가 발생하기도 한다.

기술의 수명이 긴 의약품, 소재 기술에서 주로 문제가 발생하며 의약품 분야에서는 시간의 균형을 유지하는 전략을 '에버그린 전략'이라고 부른다. 주요 기술에 관한 특허권의 만료시점을 점검하고 보완하는 것이 필요하다.

지역의
균형

　기술의 균형보다 지역의 균형이 더 중요하다고 생각된다. 모든 요소 기술을 망라한 탄탄한 국내 특허 포트폴리오를 갖추었더라도 주요 국가에 특허가 없으면 그 시장은 특허를 개발한 보람 없이 남들과 똑같이 경쟁해야 한다.[61][62] 특히 글로벌 시장을 무대로 하는 기술은 국내 특허만으로 힘을 발휘할 수 없으므로 코어 특허는 반드시 주요 시장에 특허를 확보해야 한다.

▶ **주요 시장에 코어 특허를 확보하는 것의 중요성**

✔ 코어 특허의 지역 균형 (주요 시장에 코어 특허 확보)		전체 특허 포트폴리오의 기술 균형

　일반적으로 특허를 확보해야 할 지역은 제품을 생산하는 국가와 제

61　특허는 속지주의를 채택하여 권리를 갖고자 하는 국가에 각각 출원을 해야 한다.

62　한편 특정 국가에서의 소송이 다른 국가에서의 비즈니스에 압박을 주기도 하므로 반드시 A국가의 특허는 A국가의 사업에만 영향을 미친다고 할 수는 없다.

품이 판매되는 국가이며 특히 시장이 크고 특허분쟁이 활발한 곳에 출원 우선순위를 두어야 한다. 인구가 많고 구매력이 높은 미국, 중국, 유럽, 일본이 출원 우선순위가 높은 국가이며 산업에 따라 남미, 동남아도 주요 시장이다.

특허 한 건을 미국을 포함한 주요 4개국에 출원하는 데 5천만 원 이상 소요된다. 출원 후에도 심사, 등록, 특허권 유지에 상당한 비용이 들기 때문에, 꼭 필요한 것 중에서도 더 필요한 것을 선택하도록 강요받는다.

그렇다면 핵심적인 몇몇 특허를 주요국에 고루 출원할 것인가? 아니면 가장 중요한 국가에 빈틈없는 특허 포트폴리오를 구축할 것인가? 실지로는 제안되는 발명을 평가하여 가장 상위 등급은 주요 5개국, 차순위 등급은 주요 3개국, 그다음 등급은 주요 2개국 등으로 출원국가를 정하기도 한다.

하기 사항을 검토하여 특허가 필요한 지역과 중요도를 정한다.

- 특허 소송이 예상되는 지역
- 특허 소송 금액이 큰 지역
- 모방이 빈번할 것으로 예상되는 지역
- 판매량이 많거나 증가율이 높을 것으로 예상되는 지역

지역 중요도와 현재의 지역별 권리 현황의 미스매치를 발견하면 전략

방향을 용이하게 도출할 수 있다.

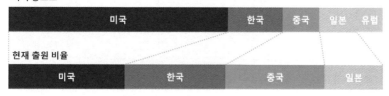

▶ 지역 중요도 기반, 주요국의 출원 비율 조정 예시

지역 중요도

| 미국 | 한국 | 중국 | 일본 | 유럽 |

현재 출원 비율

| 미국 | 한국 | 중국 | 일본 |

지역 중요도에 관계없이 고르게 출원되었음
중요도가 가장 큰(시장 규모, 소송 피해 관점) 미국 출원 비중을 높여야 함!

기술의 균형
- 특허 포트폴리오의 몸집 키우기

주요 시장으로 구분하는 지역의 균형에 비해 기술의 균형은 구분 기준이 명확하지 않다. 각자의 사업전략에 맞게 특허 포트폴리오를 구성하는 기술 구분(체계)을 만들어야 하며 사업상 가치가 높은 세부 기술에 가중치를 두어야 한다. 즉, 기술마다 고르게 특허를 확보하는 것이 아니다.

이러한 이해를 바탕으로 현재 특허 포트폴리오의 기술 균형을 검토해 보자. 제안되는 발명 중에서 출원하다 보면 활동이 활발한 연구 분야, 영향력이 큰 연구자로 출원이 몰리기 쉽다. 전략적으로 중요하지 않은 기술에 특허가 집중되어 있거나 중요한 기술에 특허가 비어 있다면 기술 균형이 깨진 것이다.

중요 경쟁사와 특허 포트폴리오를 비교하면 더욱 좋다. 자사 특허는 없는데 경쟁사가 특허를 다수 확보하고 있는 기술은 권리공백으로 유지해도 별문제가 없을지 더욱 신중하게 검토해야 한다.

기술 균형은 기술의 내용, 기술의 적용범위, 혁신성의 정도, 타깃 시장, 응용 제품 등 다양한 관점으로 바라볼 수 있다. 다양한 시선으로 검토할수록 특허 포트폴리오의 기술 균형이 탄탄해질 것이다.

▶ 특허 포트폴리오의 '기술 균형' 검토 관점

관점	항목	비고
기본 전략 방향	• 핵심 성능 구현·차별화 • 경제성 개선 • 기타 가치 향상	• 각 항목의 하위에, 대상 기술·제품과 기술의 균형을 보는 관점에 따라 구체화된 세부 기술을 도출
기술 내용	• 소재 • 구조·로직 • 공정·방법 • 장치 • 응용	
기술의 성격	• 원천 • 개량 • 응용·양산	
타깃 시장	• High end • Standard • Low end	
특허의 수준	• 적용 제품 범위와 회피설계 용이성에 따라 구분	• 보조 관점으로 사용

위의 표에서 '기본 전략 방향'은 사업전략 관점에서 특허 포트폴리오의 기술의 균형을 바라보는 것이다. 기업들의 사업전략은 수없이 다양하지만 단순화하면 1) 경쟁자보다 우수한 성능을 확보하여 주된 시장을 공략하는 것, 2) 기술이 포화된 시장에서 가격을 경쟁력의 포인트로 삼는 것, 3) 특정 고객의 성향을 공략하는 것 중에 속한다. 이 세 가지 중 주된 전략이 '저렴한 가격'이면 가격을 낮추는 기술에 관한 특허의 비중이 높아야 한다.

기술 자체에 집중하여 균형을 살펴보는 '기술의 내용'과 '기술의 성격'

관점은 기술전문가와 특허전문가에게 익숙하다. 다만, 원천 기술과 개량 기술을 구분하는 기준을 객관화하기 어려우므로 사람마다 다르게 판단하거나 자신의 특허가 원천 기술에 관한 것이라고 우겨도 반박하기 힘들다. 항상 원천 기술에 관한 특허가 개량 기술, 응용 기술 특허보다 힘이 세므로 '기술 중심' 기업은 원천 기술 특허가 없거나 비율이 경쟁자에 비해 낮으면 보완하는 전략을 마련해야 한다.

그 외 타깃 시장, 제품군 등에 따라 항목을 나누고 관련 세부 기술에 관한 특허에 대해 기술의 균형을 살펴볼 수도 있다. 고부가가치(high end) 시장 확대가 미래 비전이면 이 시장에 어필하는 요소 기술에 관한 특허의 비중을 높여야 할 것이다.

'특허의 수준' 관점은 기술의 원천성, 시장성, 권리성을 복합적으로 고려한 결과적인 특허의 품질을 나타낸다.[63] 따라서 다른 관점과 복합적으로 사용하여 기술의 균형을 질적으로도 판단해 볼 수 있다.

예를 들면, '기본 전략 방향'에 대해 특허들의 '기술 균형'을 분석하면 다음 그림과 같다. 각 항목과 하위 세부 기술에 관한 특허건수로부터 양적인 기술 균형을 파악할 수 있다.

---

[63] 이 책에서는 적용제품 범위와 회피설계 용이성의 두 가지를 고려하여 5단계로 구분하였다.

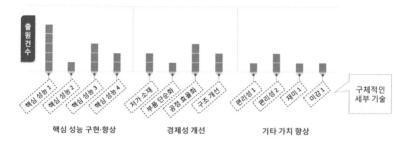

▶ '기본 전략 방향' 관점의 특허 포트폴리오의 기술 균형 검토

경제성 개선이나 기타 가치 향상 등의 항목이 큰 의미가 없는 경우, 기술의 내용에 집중하여 아래와 같이 구분할 수 있다.

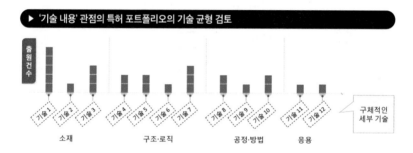

▶ '기술 내용' 관점의 특허 포트폴리오의 기술 균형 검토

2가지 관점을 동시에 고려할 수도 있다. '기본 전략 방향'과 '특허의 수준' 관점을 선택하면 다음 그림처럼 세로축의 항목이 추가되어 양적인 것뿐 아니라 질적인 기술 균형을 볼 수 있다.

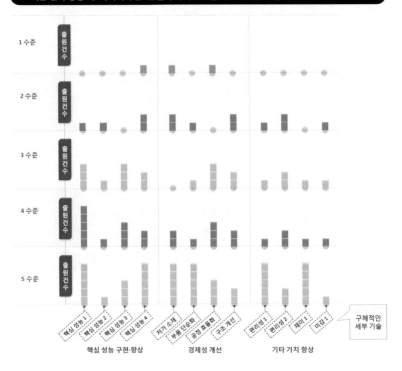

표와 그림에서 기술의 균형을 검토하는 관점은 예시일 뿐이므로 분석하고자 하는 기술과 산업, 기업의 사업전략에 맞추어 다양하게 구성할 수 있다.

그렇다면, 특허 포트폴리오의 기술 균형이 약한 부분을 강화하거나 혹은 코어 특허 이외 주변 기술 특허들이 전반적으로 빈약할 때 어떻게 특허 포트폴리오를 강화할 수 있을까? 기술에 따라 구체적인 방법은 다르겠지만 자신의 기술을 중심에 두고 찾아내는 방법과 타 기관의 기술을 활용하는 방법으로 나눠 볼 수 있다. 어떤 경우에도 강화하고자 하는 목적을 명심해야 한다.

코어 기술을 확장하고 자사의 기술을 검토하여 출원 포인트를 발굴하는 방법이다.

- 코어 기술과 상호작용하는 주변 기술을 검토하여 코어 기술과 주변 기술이 함께하는 최적의 설계를 도출한다.
- 코어 기술의 성능·경제성을 더욱 개선할 방안을 탐색한다.
- 코어 기술의 양산 단계 또는 대량 생산 효율을 향상시키거나 문제점을 해결하는 방안을 도출한다.
- 코어 기술이 적용될 응용 제품에 맞추어 코어 기술·주변 기술의 설계를 최적화한다.

자신의 기술을 아무리 들여다보아도 색다른 출원 아이디어가 발견되지 않으면 타 기관의 기술을 분석하여 자신의 기술 균형을 강화할 출원 아이디어를 도출할 수도 있다. 타 기관의 강점 기술을 찾아 이것을 더욱 개량할 방안을 도출하는 방법이며 타 기관의 특허 심층 분석 등이 선행되어야 한다.[64]

---

64 타 기관의 기술을 그대로 출원하면 특허 등록 요건인 신규성, 진보성을 충족할 수 없다. 벤치마킹하고자 하는 기술의 장점을 극대화하거나 그 기술의 단점을 보완하는 등 벤치마킹 기술을 개량해야 한다.

- 타 기관의 요소 기술을 자신의 코어 기술 등에 적용하기 위한 설계 변경 방안을 찾아본다.

출원 아이디어를 모으는 과정(발산)은 아이디어의 비판을 금지하여 혁신적인 다양한 아이디어가 제안되도록 하고, 출원 아이디어를 선정(수렴)하는 단계에서 가치 창출 정도, 실현 가능성, 목적 부합성 등을 평가하여 최적 아이디어를 결정하는 것이 효율적이다.

시간의 균형

특허 출원일로부터 20년이 지나면 그 특허의 권리는 소멸하고 누구나 사용할 수 있게 된다. 제약 등 기술 수명이 길고 특허권이 중요한 분야에서 특허권이 소멸하면 특허권자는 다른 경쟁자와 동일하게 무기 없이 싸움에 임해야 한다. 특정 시기에 특허 출원을 집중했다가 출원이 급감하게 되면 권리의 진공상태가 발생하므로 특허권의 잔존 기간을 고려하여 지속적으로 권리확보가 되어야 한다.

반대로 기술·제품의 수명 주기가 짧은 분야는 특허의 기술이 더 이상 필요하지 않은지 확인하고 특허를 포기함으로써 불필요한 비용 지출을 막을 수 있다.

시간의 균형은 기술·제품의 수명과 특허권 잔존 기간이 동시에 고려되어야 한다. 아래 사례는 한 기관에 속한 특허들의 권리 기간을 나타낸 것이다. 혁신적인 제조 방법과 조성을 개발하여 다수의 특허를 확보하였으나 기술이 개발된 시점보다 상당히 늦게 상용화되었다. 2020년 중반이 되면 물성 특허 2건만 남게 되어 후발 기업을 견제하는 것이 어려워 보인다.

상용화가 시작되는 시점에 응용특허, 조성 개량특허 등을 추가로 출원하였더라면 중요한 특허권이 모두 만료되어 특허권의 공백이 생기는 것을 방지할 수 있었을 것이다.

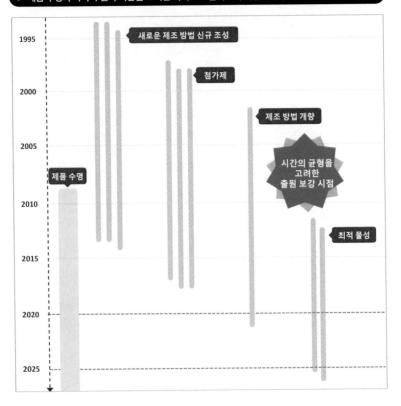

▶ 제품 수명과 특허의 권리 기간을 고려한 특허 포트폴리오의 시간적 균형

특허 포트폴리오
전략 보완

기업들은 매년 추진 조직, 중점 사업, 신규 사업, 철수 사업, 신시장 진출 등의 사업전략을 재정비한다. 작년과 올해의 사업 환경이 다르므로 다른 전략이 필요하기 때문이다. 특허 포트폴리오 전략도 마찬가지이다. 사업 환경의 변화에 따라 정기적인 보완이 필요하다. 특허 포트폴리오에 반영해야 할 주요 환경변화는 기술, 경쟁, 시장, 자사에서 찾을 수 있다.

▶ 특허 포트폴리오 전략 보완에 고려해야 할 요소

Technology

- 핵심 기술의 변화(구동 방식, 소재, 제조 방법, 장치 등)
- 새로운 기술 변화 트렌드(소형화, 유연한 형태, 기능의 융합 등)
- 표준의 제정과 변화

Market

- 수요의 증가 또는 감소(시장의 쇠퇴 등)
- 주요 시장의 이동(매출 1위 국가의 변화 등)
- 신흥 시장의 출현
- 새로운 시장 니즈 발생·예측
- 고객의 세분화(high end, niche market 등)

Competition

- 분쟁 위협을 주는 대상의 변화(선도 기업의 몰락, NPE의 활동 강화 등)
- 경쟁자의 모방이 사업에 미치는 영향
- 신규 시장 참여 기업 현황
- 특허분쟁 강도의 변화
- 경쟁자의 특허 출원량 변화

Company

- 새로운 혁신 기술의 개발
- 신제품 개발전략의 변화
- 핵심 역량의 보강(인력, 아웃소싱 등)
- 매출, 순익, 투자 등의 재정 상황

상기 변화에 따라 강화해야 할 기술, 권리확보가 필요한 지역(국가), 새로운 코어 특허 확보 분야를 판단하여 투자를 결정하고 반대로 중요성이 감소하는 기술, 더 이상 가치가 없는 특허 분야는 비용을 절감해야 한다.[65]

기술의 수명이 짧거나 시장 니즈의 변화가 빠른 제품일수록 새로운 특허를 확보해야 할 필요성과 기존 특허가 불필요해질 가능성이 모두 크다. 반대로 기술 수명이 긴 기술은 특허권의 만료로 발생하는 권리공백을 보완하는 것이 중요하다.

---

65 특허 등록 유지비용이 시간이 지남에 따라 급격히 늘어난다.

특허 포트폴리오 강화의 걸림돌, 예산!

코어 특허, 개량특허 등을 확보하고 강화하는 전략 수립 과정 동안 끊임없이 예산의 벽에 부딪힌다.

특허 예산 규모는 3장에서 기업의 경영환경에 따라, 경쟁 강도에 따라 Top Down, Competitive, Bottom Up 등의 방식으로 정한 바 있다. 한정된 예산에서 최대의 효과를 얻을 수 있도록 세부 기술별·연도별·지역별 출원을 배분해야 한다.

코어 특허 설계 단계에서 결정된 중요 발명을 어느 국가에 권리를 확보할 것인지 정해야 하며, 해외 주요국 권리확보까지 고려하여 코어 특허에 소요되는 비용이 결정되면 나머지 출원을 할 수 있는 예산을 산출할 수 있다.

예산의 한계를 극복하는 '슈퍼' 특허전략
- 우선권주장출원 제도 활용

혁신적인 기술일수록 큰 성과를 기대할 수 있지만 성공 가능성을 알기 어렵고 개발되는 모든 기술을 출원하기에는 자원이 한정적이다. 사업화 가능성이 가시화될 때까지 출원을 유보하면 그사이 경쟁자가 출원하여 권리를 빼앗길 수 있다.

사업화 가능성이 명확해질 때까지는 아니더라도 개발 후 1년의 판단유예 기간이 있다면 사업화 가능성이 높은 것을 골라낼 수 있으므로 출원 비용을 절감하는 데 상당한 도움이 된다. 우리나라의 우선권주장출원제도·분할출원제도와 미국의 가출원·계속출원 제도를 이용하면 1년의 판단 유예 기간을 가질 수 있다.

여러 가지 출원 아이디어를 하나의 특허에 담은 '슈퍼 특허'를 출원하고 이후 출원을 나누어 절차를 진행하는 방법이다. 출원이 등록되려면 1발명 1출원주의를 만족해야 하므로 하나의 특허에 많은 사상을 담을 수 없지만, 심사 전까지는 1발명의 범위를 넘는 내용을 담고 있어도 문제가 없다. 출원에 담긴 모든 내용은 정상적으로 출원일이 확보되며 이후 '슈퍼 특허'의 내용 중 가치가 높은 일부를 우선권주장출원으로 진행

할 수 있다.

아래 그림은 발명 아이디어 5개 중 2개를 선택하여 등록받은 경우이다. 발명마다 개별 출원한 것에 비해 슈퍼 특허를 출원한 경우 2건의 출원 비용이 절감된다. 슈퍼 특허에 많은 발명을 담을수록 선택되는 발명의 비율이 낮을수록 비용 절감 효과가 커진다.

▶ 출원 비용을 절감하는 슈퍼 특허 출원 전략

6장

특허 포트폴리오
구축 실행 TIP

- 기술전문가와 특허 포트폴리오에 대한 공감대 형성
- 특허 포트폴리오 구축 실행의 문제(1) 전략의 중요성
- 특허 포트폴리오 구축 실행의 문제(2) 권리·사업 관점의 보유 기술 파악
  보유 기술·발명 탐구
  개발 단계별 이슈와 보유 기술 집중 분석
  시장 니즈와 보유 기술 분석

특허 포트폴리오의 구축은
서로 다른 분야에 특화된 전문가들이
긴밀하게 협업해야 한다.
따라서 특허 포트폴리오의 목표와
수행과정에 대한 공감대 형성,
효율적인 프로세스에 대한 고민이 필요하다.

기술전문가와
특허 포트폴리오에 대한 공감대 형성

같은 지도를 보며 같은 언어를 사용해야 장애물을 피해 효율적으로 목적지에 도달할 수 있다. 안타깝게도 특허 포트폴리오 전략 수립은 다른 지도를 보고 다른 언어를 사용하는 고집 센 사람들이 모여 장애물이 많은 목적지를 가는 것과 같다. 같이 목적지에 도달해야 하는 사람들은 기술전문가, 특허전문가, 사업전문가이다.

기술전문가는 기술 자체에 관심이 높고 개발 내용이 그대로 특허가 된다고 생각하는 사람이 많다. 기술 관점에서 사고하기 때문에 특허의 권리해석이나 경영전략 관점의 접근이 익숙하지 않다. 특허를 여러 건 출원한 기술전문가라도 특허와 특허 포트폴리오 전략을 잘 알고 있다고 단정하면 안 된다.

특허전문가[66]는 특허에 전문성이 있으며 기술도 어느 정도 이해할 수

---

66 특허 포트폴리오를 주도하는 특허전문가의 역량은 특허법 지식, 명세서 작성 능력과 다르다. 연구개발, 특허전략을 모두 경험한 넓은 시각과 통찰력을 가진 사람이 이상적이다.

있다. 그러나 기술전문가에 비하면 세부 분야 기술에 대한 이해가 많이 부족하다. 특허 포트폴리오 전략을 총괄하려면 그 기술 분야의 해결 과제, 연구개발 내용, 팀의 연구개발 성과, 경쟁자의 기술 등 업계 상황을 면밀히 파악해야 한다. 기술에 대한 전문성이 약하다고 해서 연구자들에게 의지하면 특허 포트폴리오를 주도하기 어렵다.

사업전략 전문가는 특허 포트폴리오 추진 초기 단계에 기술전문가와 특허전문가에게 사업전략을 잘 전달하여 특허 포트폴리오가 사업에 기여할 수 있는 지향점을 정할 수 있도록 해야 한다. 세부 기술 내용과 특허에 대해 깊이 이해할 필요는 없다.

특허 포트폴리오를 총괄하는 전문가의 역할이 가장 중요하며 스스로 기술을 심도 있게 파악하려고 노력하는 한편 기술전문가들이 특허 포트폴리오에 대해 잘 이해할 수 있도록 하는 데 시간을 투자해야 한다. 공감대 형성이 필요한 사항은 다음과 같다.

좋은 특허와 특허 포트폴리오
- 좋은 특허를 만들려면 특허를 위한 실험도 필요
- 특허 포트폴리오 전략의 필요성, 예산의 한계 등
- 본 기술·제품 분야의 환경분석 시사점과 특허 포트폴리오의 목표와 방향성

연구개발 내용, 연구 핵심역량
- 연구개발 내용 중 특허를 확보해야 우선순위를 판단할 수 있을 정도로 연구 분야의 난제, 주변 기술과의 차이점 등에 대한 파악

권리·사업 관점의 특허, 등록요건과 침해판단 등

- 기술이 고도하다고 좋은 특허가 되는 것이 아니며 논문과 특허는 다른 장르이므로 각색 필요

- 선행 기술보다 새로운 기술임을 증명해야 특허 등록 가능

- 특허의 침해 판단 회피설계 방법(all element rule 등)

특허 동향

- 본 기술·제품 분야의 특허 동향(출원건수 동향, 주요 경쟁자의 출원 동향과 포트폴리오, 중요 특허 내용 등)

특허 포트폴리오 구축 실행의 문제(1)
전략의 중요성

연구개발을 하다가 좋은 성과가 나오면 이것을 특허로 만드는 것이 기술전문가들에게 익숙한 방식이다. 이렇게 출원할 때도 등록을 위해, 공지된 기술보다 효과가 우수하다는 것을 입증하기 위해 또는 권리를 확장하기 위해 특허 출원만을 위한 추가 실험이 필요한 경우가 있는데 기술전문가들에겐 부가적인 업무로 다가온다.

특허 확보를 할 대상을 도출하고 이것을 권리화하는 방식은 특허전략에서 추천되는 방식이지만 실제로 추진하기는 어렵다. 연구 성과 자체를 위한 것이 아닌 권리를 확보하기 위한 별도의 실험을 설계하고 진행해야 하므로 실적에 쫓기는 기술전문가들에게 큰 부담이 된다. 또한, 기술전문가들은 특허 확보 대상으로 제안된 기술보다 본인이 진행 중인 연구가 더 중요하다고 느낀다.

원활하게 이 방식이 추진되려면 기술전문가의 이해와 적극적 참여가 필요하다. 전략적 분석을 통해 얻어진 출원 주제가 향후 비즈니스 또는 기술이전 등에 중요하며 이것이 기술전문가에게도 경제적 이득을 가져다줄 것임을 공감해야 원하는 결과를 얻을 수 있다. 이를 위해 기술전문가에게 설명할 사항은 다음과 같다.

- 논문을 그대로 번역한 특허의 맹점
- 우수한 기술이나 활용 가치가 없는 특허 사례
- 중요한 출원에 집중해야 하는 이유(국내 출원만 있는 경우 사업적 활용에 문제점, 출원·심사·등록·유지 비용 등)
- 출원 주제를 도출하는 과정과 선정된 기술과 권리의 사업적 의미
- 공지 기술을 극복하고 등록되기 위한 논리의 구조와 이를 주장하는 데 필요한 실험 데이터
- 등록되었을 경우 특허의 역할과 이로 인한 직간접적 효과

기술전문가가 피동적으로 요구되는 실험 데이터를 제공하는 것이 아니라 발명을 활용도 높게 개선하는 데 적극적인 역할을 할 수 있도록 동기부여가 필요하다.

특허 포트폴리오 구축 실행의 문제(2)
권리·사업 관점의 보유 기술 파악

특허 포트폴리오의 코어설계 프로세스, 세부 설계 방안 등 이 책의 내용과 대상 기술을 어느 정도 알고 있어도 코어 특허가 될 기술을 도출하고 특허 포트폴리오를 설계하는 것은 쉽지 않다.

코어 발명을 제시하려면 다음의 사항을 종합적으로 고려해야 한다.

- 기관의 중점 연구내용과 진척 상황
- 해결해야 할 주요 기술적 문제
- 이미 공개된 기술의 수준과 내용
- 시장의 니즈와 기술발전 방향
- 사업전략
- 특허의 속성과 활용전략

기술과 시장이 단순한 제품은 상기 내외부의 이슈가 쉽게 파악될 수도 있겠으나 난이도 높은 첨단 기술의 융합 제품인 경우 이 모든 것을 충분히 알고 있는 '한 명'이 과연 있을까?

특허의 콘텐츠가 될 보유 기술을 권리 관점에서 파악하는 것이 생각보다 어렵다. 특허전문가가 기술전문가의 설명을 들었을 때 기술 내용을 어느 정도 이해할 수는 있으나 어떤 권리를 설계할 수 있을지 모호하고 대화가 겉도는 느낌을 받는 경우가 많다. 기술전문가의 설명은 특허의 권리나 사업 관점이 아니기 때문이다.

기술전문가는 '이 기술은 성능이 매우 우수하며 기술을 구현하는 방법은 이러하다.'라고 설명하는데, 보유 기술 중 남들도 알고 있는 공지 기술, 공지 기술과 다른 점, 사업에 중요한 이유 등에 대해 꼭 집어 정보를 주지 않는 때가 많다.[67] 공지 기술과 기술 구성 요소의 차별성이 모호하면 효과 차이가 커도 특허를 등록시킬 수 없다. 기존 기술보다 효과가 크다는 것은 기술 구성요소에 변화가 있다는 것이므로 이것이 무엇인지 알아내야 한다.

출원이 확정되면 각 발명에 대해 신규성, 진보성 등을 살펴 강한 권리로 설계하겠지만, 어떤 것을 출원할 것인가를 정하는 초기 전략 수립 단계에서 보유 기술의 가치와 차별성을 전체적으로 파악하는 것이 중요하다. 특허 포트폴리오의 방향을 정하고 효율적으로 업무를 추진하는 출발점이다.

---

67 새로운 부분을 명확히 알아야 독점할 수 있는 권리를 설계할 수 있으므로 이것을 파악하는 것이 매우 중요하다. 가끔 기술전문가도 알지 못했던 공지 기술이 선행 기술조사 과정에서 나타나기도 한다.

보유 기술을 권리·사업 관점에서 효과적으로 파악하기 위한 방법을 몇 가지 생각해 보았다.

- 권리 관점으로 보유 기술·발명을 정리하는 프레임을 제시하고 이에 맞춰 기술 전문가가 생각하는 주요 발명 아이디어를 수집한다.
- 보유 기술의 궁극적인 목적, 중요 기능을 단계별로 도출하고 주요 기능을 구현하는 보유 기술과 경쟁기술을 정리한다.
- 시장의 니즈, 업계가 경쟁하는 핵심 사안을 정리하고 이에 관한 보유 기술과 경쟁기술을 정리한다.

보유 기술·발명 탐구

참여하는 전문가들의 공감대를 형성하고 소통을 쉽게 하기 위해 기술전문가들이 생각하는 주요 발명 아이디어를 우선 수집하되, 특허전문가와 시장전문가가 핵심을 파악할 수 있도록 기술전문가에게 프레임을 제시하는 것이다.

수집하는 발명 아이디어는 개념 수준부터 실험이 완료된 것을 포함하여 기술전문가가 생각하기에 중요한 것들이다. 이것을 종합하면 기관의 핵심역량과 연구 방향을 파악할 수 있으며 코어 특허 설계에도 활용할 수 있다.[68]

---

68 수집된 발명 아이디어 중 일부는 선행 기술조사와 발명 중요도 판단 과정에서 출원 대상에서 탈락된다.

물론 이러한 발명 아이디어 수집 전에 환경분석을 바탕으로 전략 방향을 정해야 하며 기술전문가들에게 특허 포트폴리오에 대한 이해를 높여 놓아야 한다.

다음의 그림과 같이 이 기술이 제공하는 가치, 즉 개선되는 것, 이것을 구현하는 방법, 구현 방법이 종래 알려진 기술과 차별화되는 새로운 점 등으로 정리하면 기술전문가와 특허 관점에서 의사소통하기 쉽다. 그외 널리 사용될 가능성, 타 기술로의 대체 용이성 등을 추가할 수 있다.

▶ 보유 기술 중 출원 포인트를 신속하게 파악하기 위한 발명 아이디어 수집 항목

☑ 발명 아이디어 내용

✔ 발명이 해결하는 문제점 또는 개선하는 성능

✔ 발명이 다루는 문제점 또는 성능의 중요성

☑ 발명 내용 중 남들과 구분되는 독창적인 부분

☑ 발명이 속한 기술 분야의 기술 수준 또는 알려진 개발 내용

✔ 발명을 경쟁자가 사용하거나 관심을 가질 가능성

✔ 발명이 적용되는 제품의 범위(특정 제품, 대부분의 제품 등)

✔ 발명의 목적을 구현하는 다른 기술, 대체 용이성

✔ 발명의 상업적 실시 제약 조건(설비 투자, 환경 문제 등)

이미 진척된 연구가 상당한 경우, 이와 같이 보유 기술을 체계적으로 수집하면 코어 발명을 용이하게 파악할 수 있다.

개발 단계별 이슈와 보유 기술 집중 분석

핵심소재, 신약, 첨단부품 등 차별성이 높은 기술은 여러 분야에 널리 사용될 수 있으며 상용화 가능성이 보이면 개량 기술이 폭발적으로 개발된다. 그러나 이러한 기술이 적용된 시장은 아직 형성 전이거나 니즈가 구체화되지 않았으므로 권리·사업 관점에서 중요한 포인트들을 일목요연하게 파악하기 어렵다. 발명 아이디어는 문제의 해결 방안을 제시하는 것이어서 연구 진척도가 낮으면 잘 모아지지 않는다. 이런 경우, 연구에서 해결해야 할 문제점이 무엇인지 분석하면 본질적인 통찰을 얻을 수 있다.

기초 연구 중이거나 원천성이 높은 보유 기술을 권리·사업 관점에서 빠르게 파악하기 위해 기술의 개발단계별 이슈와 보유(예정)기술을 연결하여 파헤쳐 보는 방법이 있다.

각 단계의 개발 이슈는 해당 기술의 고유의 특성에 기인한 연구개발 분야의 해결 과제나 문제점들이다. 예를 들면 A 물성이 우수하나 빛과 공기에 불안정하여 안정성을 향상시켜야 하는 등의 개발 이슈가 있을 수 있다. 기초개발에서 양산에 이르는 단계는 그 내용을 각 제품마다 정할 수 있다.

▶ 보유 기술 중 출원 포인트를 신속하게 파악하기 위한, 개발 단계별 이슈와 기술 파악 양식				
개발 단계	기초 개발	성능 개선	제품화	양산(대량 생산)
✔ 각 단계의 **개발 이슈** (해결 과제 또는 타깃 성능)				
✔ 개발 이슈에 관한 **보유 기술 내용**				
개발 이슈에 관한 **경쟁 기술 내용**				

개발 이슈에 관한 보유 기술과 경쟁기술을 비교하면 객관적으로 보유 기술을 판단할 수 있다. 개발 이슈가 결정적일수록, 경쟁기술대비 보유 기술이 우수할수록 보유 기술의 중요성이 높다.

개발 이슈(연구가 해결해야 할 문제점 등)를 효율적으로 파악하기 위한 질문의 카테고리는 다음과 같다.

- 중요 성능목표 달성 정도
- 부작용 제거 또는 최소화 방안과 현 수준
- 경제성 개선(저가 원자재, 공정·알고리즘 단순화) 필요성
- 제조 과정에서 환경문제 발생 여부 및 심각성
- 신뢰성·편리성 개선 방안
- 최적 형태(크기, 두께, 종횡비, 유연한 정도)

시장 니즈와 보유 기술 분석

전략을 수립할 때 기술보다는 시장 니즈를 우선하는 것이 대부분 바람직하다. 권리확보를 위한 보유 기술을 파악할 때도 시장 니즈 관점에서 생각하는 것이 좋다. 시장 니즈를 충족하는 데 필요한 보유 기술은 좋은 특허로 만드는 데 노력을 투입할 가치가 있다. 기술적 문제점을 해결하는 기술도 좋은 특허가 되는 시드(seed)가 되지만 때로는 시장 니즈가 높지 않음에도 기술에 매몰되는 수도 있다. 특히, 기술의 성숙도가 높거나 기술이 쉬운 제품은 시장 니즈 관점의 분석이 적합하다.

이 방법에서 가장 중요한 것은 시장 니즈를 제대로 집어내는 것이며 대상 제품이 명확해야 한다. 여러 분야에 적용될 수 있는 소재기술은 앞서 설명한 바와 같이 기술적 문제에 초점을 맞추거나 그 소재가 적용될 제품마다 시장 니즈를 분석해야 한다.

다음의 표와 같이 그 제품에 대한 시장의 니즈마다 관련된 보유 기술을 정리하면 전체를 균형 있게 파악하기 용이하다. 각 니즈의 중요도, 현재 달성 수준, 관련 경쟁기술까지 분석하면 더욱 유용하다.

제품에 대한 시장 니즈 ✓	니즈의 중요도 (간절함의 정도)	업계의 니즈 달성 정도	니즈에 관한 보유 기술 ✓	니즈에 관한 경쟁 기술
니즈 내용	최상·상·중·하	~##%	기술 내용 달성 수준 경쟁 기술과 차별성	기술 내용 달성 수준
니즈 내용				
니즈 내용				
니즈 내용				

에필로그

이 책을 쓰는 중에 공교롭게도 특허 포트폴리오 과제를 여러 건 수행하게 되었고 새삼 특허 포트폴리오 설계가 어려운 것이라는 것을 체감했다.

특허 포트폴리오의 최종 고객은 기업·기관·과제의 경영자 또는 책임자이므로 이분들의 평가를 의식할 수밖에 없다. 따라서 특허 포트폴리오의 참여자뿐 아니라 최종 고객이 특허 포트폴리오 전략의 방향성을 공감할 수 있도록 하는 것이 중요하다. 특허를 골고루 많이 출원하는 것이 그다지 효과적이지 않다는 생각을 공유하지 않으면 방향성 없이 특허건수를 늘리게 되기 쉽다.

'유니크한 제품을 개발하고 특허도 출원했으나 경쟁자에게 시장을 내주어야 하는 상황을 피할 수는 없을까?', '과연 어떤 일련의 특허들을 확보하는 것이 최선인가?' 하는 고민에서 이 책이 출발되었다.

더 많은 경험과 지식이 쌓이면 더 정교한 방법을 제시할 수 있겠으나 사업전략을 정의하고 이에 맞는 '코어'를 먼저 설계한 다음 특허 포트폴리오의 완성도를 높여야 한다는 것만큼은 변함이 없을 것으로 생각된다.

저자는 곧 50대 초반에서 중반으로 넘어간다. 100세까지 장수한다면 지금은 하루 중 정오에 불과하지만 수명 80세의 시나리오에선 벌써 오후 4시이다. 지금까지의 경험과 고민을 녹여 이 책을 만들 수 있었음에 감사하며 오후 4시 이후 해가 지고 난 저녁과 밤 시간도 맑은 정신으로 무언가를 계속 추구하고 이룰 수 있기를 소망한다.

25년째 같이 살고 있는 분과 딸들에게 감사한 마음을 전합니다.

2020. 12. 31.